JN409786

신구 한국어교육선서 02

언어학

| 용어 해설 |

신구 한국어교육선서 02

언어학

| 용어 해설 |

한재영 · 안경화 · 박지영 · 권순희 지음

신구문화사

머리말

한국어를 배우고자 하는 외국인 학습자들이 날로 늘어남에 따라 그들에게 한국어를 가르치는 교사의 수요도 그만큼 늘어나게 되었다. 이미 상당수의 대학원에는 외국어로서의 한국어교육 전공 과정이 생기고, 학부 과정에도 유수의 대학들에 학과가 개설되어 외국어로서의 한국어를 가르치는 교사 수요에 대처하고 있다. 하지만 이들 대학과 대학원 과정의 정규과정만으로는 최근의 다양한 양상을 띠어 다양한 성격의 수요에 부응하기는 어려운 형편이라고 할 수 있다. 비정규과정의 교육을 통한 한국어 교사의 양성을 도모하게 된 것은 그러한 현실적인 문제의 해결을 꾀하고자 하는 의도를 가지고 있는 것이라 하겠다.

본 선서는 한국어교육을 위하여 공부를 하는 예비한국어교사들의 불편함을 덜기 위하여 마련된 것으로, 특히 비정규교육 과정에서 공부하는 이들이 겪는 불편함을 염두에 두고자 하였다. 한국어교육에 관심을 가지고 공부를 시작한 예비한국어교사들이 공부를 하는 과정에서 많은 어려움을 겪거나 좌절감을 경험하게 되는 경우를 심심치 않게 발견할 수 있기 때문이다. 그들 중의 상당수는 한국어만 알면 외국인들에게 한국어를 가르치는 일은 그리 어려운 일이 아니리라는 낙관적인 생각을 가지고 있었던 때문이라 생각한다. 한국어학과 한국어교육에 필요한 학문적 기본 소양 없이 의욕만을 가지고 발을 들여 놓았다가 공부하여야 할 내용이 많은 것에 놀라고, 알고 있다고 생각한 한국어에 대하여 자신이 알고 있는 것이 그리 많은 것이 아님에 다시 놀라곤 하는 데에서 오는 당연한 결과라 할 것이다.

그리하여 본 선서의 간행에는 다음의 몇 가지 태도를 취하기로 한다.

우선 비정규교육 과정에서 공부하는 이들이 관심을 가지는 영역이라고 할 수 있는 한국어학, 언어학(일반언어학 및 응용언어학), 외국어로서의 한국어교육, 한국문화 등의 내용을 담을 수 있는 선서의 목록을 구성하기로 하나, 기존에 간행된 저서들 가운데 예비한국어교사들에게 도움이 될 만한 대상이 있는 경우에는 선서의 목록에서 제외하기로 한다. 다음으로 공부에 어려움을 겪는 주된 원인이 기본적인 용어의 이해부족에 있는 것으로 판단하여 한국어교육 전반을 대상으로 하여 필요한 기본 용어에 대한 간단한 해설서를 선서의 목록에 포함하기로 한다.

그 두 번째 작업인 본서는 '언어학' 을 공부하는 데에 필요한 기본 용어에 대한 간단한 해설을 꾀한 책이다. 일반언어학과 응용언어학을 아우르는 내용으로, 한국어교육을 위하여 공부를 하는 예비한국어교사들 가운데 용어를 몰라 전공 서적을 읽기가 힘들다는 이들을 위하여 마련한 것이다. 같은 이야기라도 경우에 따라 쉽게 또는 어렵게 하여야 하는 경우가 있고, 변죽만 울려야 하는 경우가 있는가 하면 시시콜콜 따져 이야기하여야 하는 경우도 있다. 본서가 될 수 있으면 쉽게 그리하여 변죽만 울리고자 한 까닭은 보다 심각하고 구체적인 내용에 관해서는 전공 서적으로 미루는 것이 온당한 태도라고 생각한 때문이다. 그렇기 때문에 본서에서는 될 수 있는 대로 필자들의 견해나 의견을 배제하고자 애썼다. 전공 서적을 이해하기 위해서는 통설이나 정설 또는 기존의 학설에 대한 이해가 바탕이 되어야 한다고 판단하였기 때문이다. 해당 부분에 일일이 전거(典據)를 제시하지 않고 참고논저 목록으로 미룬 것은 읽는 이들의 번거로움을 덜기 위한 조처였지만, 어찌 보면 개별 용어의 개념을 이루어낸 해당 분야 학자들 모두가 본서의 필자라는 의미도 가지고 있는 것이다.

쉽고 단순하게 이야기를 하고자 하였지만 예비한국어교사들이 무엇을 어려워하고 어느 만큼 어려워하는지에 대해서는 정확히 가늠하기가 어려운 형편이라는 점에서, 본서는 독자의 참여로 이루어지는 책 그리하여 가변적인 책을 특징으로 삼기로 한다. 특히 '한국어학, 언어학(일반언어학 및 응용언어학), 외국어로서의 한국어교육, 한국문화' 영역의 용어 해설로 이루어지는 선서에 대하여서는 독자들이 참여하여 상호간에 질의하고 응답할 수 있는 자리를 인터넷 공간(www.shingubook.com)에 마련하고 있다. 여전히 인터넷 공간에서의 요구는 물론 질의응답의 결과를 반영한 수정, 증보, 개정도 도모하기로 한다. 보다 활발한 질의응답 과정을 거쳐 보다 필요한 선서가 되어가기를 기대한다. 아직은 갖춘 내용보다는 갖추어야할 내용이 더 많은 부족한 책이라는 의미이다. 그럼에도 불구하고 작업의 시작부터 마무리에 이르도록 꾸준히 가지고 있는 바람은 한국어교육에 나서려는 이들에게 조금이

나마 보탬이 되었으면 하는 것이다.

부족한 내용의 책을 이만한 정도로라도 꾸미는 데에는 많은 분들의 도움이 있었다. '한국어학' 에서와 마찬가지로 중앙대학교의 유해준 선생은 거친 원고의 내용을 읽어 아쉬운 부분을 채워주었고, 고려대학교의 이연정 선생은 원고의 색인을 만드는 귀찮은 일을 기꺼이 맡아 주었다. 그저 고마울 뿐이다. 볼품없는 원고를 고치고 또 고치고 다시 고치면서도 단 한마디 불평도 없었던 신구문화사의 최승복 부장과 오랜 동안 원고를 기다려 주신 임미영 사장께도 감사드린다.

2011년 12월

저자 일동

차례

언어학 일반

격문법 [格文法, case grammar]

문장 내의 동사에 근거하여 수행되리라고 추정되는 역할들에 대한 정보가 포함되어 있다는 생각에 근거한 문법 이론.

문법 연구 이론에 따라 격(格)에 대한 정의가 다르다.

- 전통문법론자: 격이란 명사가 문장 내에서 다른 단어들과 맺는 관계(기능과 형태 중심)
- 변형생성문법론자: 격은 서술어에 대하여 가지는 명사의 통사-의미적 관계(의미 중시)
- 필모어(Fillmore)의 격문법

언어 표현을 심층 구조에서 변형을 거쳐 표면 구조로 유도된 것으로 보아 격에 대해서도 소위 주격, 목적격 등 표면 구조로 나타나는 '표면격'과 심층 구조에서 존재하는 '심층격'(동작주격(A) 경험자격(E) 도구격(I) 대상격(O) 원천격(S) 목표격(G) 장소격(L) 시간격(T))을 설정하였다.

계열적 관계 [系列的關係, associative relations]

문장 내 선택된 위치에서 대체될 수 있는 종적인 관계를 이루는 것.

언어는 두 개의 구조적 축에 따라 조직화된다. 한편으로 언어의 성분들은 다양한 등가의 집합들에 따라 배분된다. 이러한 등가 관계에 있는 것들의 집합을 계열체라 한다. 예를 들어 철수, 영이, 바둑이 등은 명사라는 점에서 하나의 계열체를 이룬다. 또 그, 너, 나 등은 대명사라는 점에서 하나의 계열체에 속한다. 계열체 내의 성분들은 그 자체로 의미를 갖는 것이 아니라 계열체 내의 다른 단어들과의 관계, 즉 계열체 내에서 그것들이 차지하는 위치에 따라 의미가 이루어진다. 즉 철수는 원래부터 철수가 아니라 체계 내에서 철수가 차지하는 위치에 의해, 즉 영이가 아니고 철이가 아니고 영수가 아니고 바둑이가 아니기 때문에 철수이다. Saussure가 언어는 실질은 없고 차이만 있다고 말한 것도 단어들이 언어 체계 내에서 다른 것과의 관계에 의해 의미가 이루어지는 것이지 그 자체로 절대적인 의미를 갖는 것은 아니라는 뜻이다. 문장을 만들 때 우리는 먼저 계열체 내에서 단어를 선택하는 과정을 거치지 않으면 안 된다. 언어 성분들 사이의 이러한 질서화를 계열적이라고 부른다.

계열적 관계란 언어 단위가 어떠한 위치에 선택되어 대체될 수 있는 종적인 관계를 말한다. 언어 체계의 내부 구조를 결정짓는 중요한 개념이다.

예) 철수가 밥을 먹었다.
영희가 빵을 태웠다.
순이가 떡을 버렸다.

위의 예에서 알 수 있듯 '철수'의 자리에 '영희, 순이' 등이, '밥'의 자리에 '빵, 떡' 등, '먹었다'의 자리에 '태웠다, 버렸다' 등이 각각 주어, 목적어, 서술어 자리에 삽입될 수 있는데, 이러한 단어 집단들의 관계를 '계열적 관계'라 한다.

또 하나의 예를 들면, '나무는 푸르다.' 라는 문장에서 '나무' 대신에 '수풀', '장미' 등이 그 자리에 들어가도 원리적으로 문장이 성립한다. 이 경우에 '나무' 와 '수풀', '장미' 는 계열적 관계에 있다고 말한다. 좀 어려운 말로 설명하면 '언어 연속 중의 개개의 단어를, 그와 유사한 동시에 상이하며 그 언어 연속 안에는 존재하지 않는 다른 단어들과 마음속에 대조시킴으로써, 그 존재를 밝혀내고 거기에 의미를 부여할 수 있는 관계를 계열적 관계라 한다. '나무' 라는 언어 기호를 이해하기 위해서는 나무와 유사하거나 다른 것과의 차이를 알아야 한다. 그런데 '나무는 푸르다' 는 문장(언어의 연속)에서 '수풀' 이나 '장미' 는 드러나지 않았으니까 마음에 있는 것이라고 할 수 있다. 이 계열적 관계에 있는 요소들을 계열체라고 한다.

고립어 [孤立語, isolating language]

어형 변화를 하지 않고, 문법적 관계가 주로 어순에 의해 표시되는 언어.

여러 언어를 계보적으로, 즉 어족(語族)의 견지에서 분류하지 않고 구조나 형태의 관점에서 분류하면 고립어(孤立語) · 교착어(膠着語) · 굴절어(屈折語) 등 3종류로 크게 나뉜다.

고립어란 단어가 형태의 변화 없이 의미만을 나타내고, 문법적 관계를 주로 어순에 의해 표시하는 언어를 일컫는다. 문법 범주(성, 수, 격, 시제, 상, 태 등)에 따른 어형 변화가 전혀 일어나지 않고 문법적 관계를 어순에 의해 나타내기 때문에 어순이 문법적으로 중요하다. 대표적인 언어로는 중국어, 태국어, 베트남어 등이 있다.

예를 들어 보면 중국어에 '人殺虎' 는 '사람이 호랑이를 죽였다' 라는 뜻을 나타낸다. 단어의 형태 변화 없이 虎와 人의 자리만 바꿔 보면, '虎殺人' 은 '호랑이가 사람을 죽였다' 로 의미가 완전히 바뀌는 것을 볼 수 있다. 문장 구성의 단어는 그대로인데, 순서가 바뀜에 따라 문장 성분이 달라지는 것이다. 중국어의 '我看書' 를 한국어의 '나는 책을 읽는다' 와 비교해 보면 한국어에서는 '나'에 '는'이, '책'에 '을'이 첨가되어 '나'와 '책'의 문법적인 기능을 나타내고 있다. 영어의 'I read a book.'에 있어서도 'I'는 '나'라는 뜻 외에 '는'(I는 주격이며 my는 소유격, me는 목적격임)의 뜻을 가지고 있다. 중국어의 '我'에는 '나는'이나 'I'처럼 문법적인 기능의 표시가 포함되어 있지 않다. 그러나 중국어에서도 문법적 기능을 더하기 위하여 사용되는 말이 없는 것은 아니기 때문에 구조나 형태적 분류가 반드시 엄밀한 것이라고 할 수는 없다.

그밖에도 비교 언어학에서 친연 관계에 따라 고립어, 또는 고립된 언어라는 용어를 사용하기도 한다. 이때 고립어란 친연 관계가 없이 언어가 홀로 분포하는 언어라는 뜻이다. 한국어 · 바스크어 · 아이누어 등이 여기에 들어간다. 친족 관계에 있던 언어들이 일찍이 사멸되면서 남은 언어가 고립어가 되는 경우도 있는데 무라어족의 마지막 생존 언어인 피라하어가 그 예이다. 반면 바스크어 등의 언어는 문헌 기록이 있었을 때부터 이미 고립된 언어였던 경우이다. 이밖에도 넓은 의미로 사어(死語)라도 다른 언어와의 친족 관계가 증명되지 않았을 때는 고립어라 할 수 있다. 수메르어 · 엘람어 등이 여기에 포함된다.

공시 언어학 [共時言語學, synchronic linguistics]

시간을 고정시켜 놓고 그 구간 내에서 언어를 관찰하여 그 체계와 질서를 연구하는 언어학의 한 부문.

공시 언어학(Synchronic Linguistics, Descriptive Linguistics)은 통시 언어학(Diachronic Linguistics)에 상대되는 개념으로 언어학의 연구 관점 중 하나이다.

19세기의 언어학 연구는 언어의 역사적인 변천을 추적하는 것(역사 언어학)과 여러 언어를 비교하는 것(비교 언어학)에 치우쳐 있었다. 이때는 문헌으로 남아 있는 언어 자료와 언중이 사용하는 언어의 현실태를 공시 언어라고 부르며 따로 구별하지 않았는데, Saussure가 등장하면서 언어의 공시태와 통시태가 엄격히 구별되게 되었다.

공시 언어학의 연구는 어느 지역의 말, 어느 화자의 말이라도 동일한 시간대를 가정하고 연구하는 것이다. 예를 들어 경상도 지역어의 모음 체계를 연구한다든지, 현대 국어의 격조사 체계를 연구한다든지, 아니면 오늘날 제주도 지역에서 사용되고 있는 의식주에 관련된 어휘 의미를 연구하는 것 등이 모두 공시 언어학의 연구 대상이 된다. 이때 주의해야 할 점은 옛말을 연구한다고 모두 통시 언어학이라고 할 수 없다는 점이다. 옛말이라고 해도 당대의 언어를 그 시대의 시각에서 바라보고 연구한다면, 그것은 공시적인 연구이기 때문이다. 예를 들어, 15세기 국어의 단어 형성에 대한 연구나, 17세기의 경어법 체계 등은 모두 공시적 연구의 대상이다.

관계 문법 [關係文法, relational grammar]

문법적 관계를 기본 개념으로 정의한 문법.

1970년경부터 Postal, Perlmutter 등 미국 언어학자에 의하여 제창되었다. 주어 관계 · 직접목적어 관계 · 간접목적어 관계 등이 종전의 이론처럼 어순(語順) · 구절 구조 형상(句節構造形象) 또는 격표지(格標識) 등을 통해서 간접적으로 나타나는 것이 아니라, 많은 언어에 공통된 원초적 개념이라고 파악하고 Chomsky의 변형생성문법(變形生成文法) 이론을 비판하면서 생긴 이론이다.

즉, Chomsky식 구절 구조 형상에 의한 문법 관계의 정의는 다음과 같은 경우에 불가능하다고 보았다.

① 주어 관계: 동사구가 없는 언어 또는 주어가 전치사나 후치사에 의해 표지되는 언어.

② 직접목적어 관계: 동사구가 없는 언어 또는 전치사나 후치사 표지에 있

어서 직접목적어와 간접목적어가 구별이 되지 않는 언어.

이 외에도 Chomsky식 언어 이론은 같은 피동 변형 규칙(passive transformational grammar)이라도 각 언어에 따라 어순이 서로 다르기 때문에 서로 다른 규칙으로 기술하여 줌으로써 언어 보편성(language universal)을 설명할 수 없다는 약점이 있다.

그러나 관계 문법을 통한 수동 변형의 기술은 어순에 관계 없이 "직접목적어 → 주어"라고 기술하여 줌으로써 하나의 보편적 규칙의 성격을 지닌다는 장점이 있고, 언어의 유형론(typology), 언어의 보편성 추구에 적절한 이론이라고 주장한다. 문법 관계에는, "주어> 직접목적어> 간접목적어> 기타 관계"의 순으로 위계가 있는데, "John hit Bill."과 피동문(被動文)인 "Bill was hit by John."의 문법 관계는 제1단계(C1:능동문)에서의 John은 제2단계(C2:피동문)에서는 문법 관계를 잃어버린 "실직자(chômeur)" 관계이고, Bill은 주어 관계에 있다고 기술하기도 한다.

관습성 [慣習性, conventionality]

언어에 드러나는 관습적인 속성이나 상징.

관습은 어떤 사회에서 오랫동안 지켜 내려와 그 사회 성원들이 널리 인정하는 질서나 풍습을 말한다. 관습은 역사적으로 오랜 옛날부터 있었으나, 사회 구성원은 관습의 기원이나 의미에 대해서 모르는 경우가 많다. 그러한 점에서 일시적인 유행과는 다르다. 또 관습은 사회의 유대를 강화하고 동료 의식을 심어 주며, 환경에 적응하는 방법으로서 도움이 된다. 그러나 반면에 보수적인 사회를 만들고, 변화에 대한 저항이 된다. 관습은 사회에 따라 다르다.

이처럼 관습적인 속성을 지니는 것을 관습성이라고 한다. 다음에 한국어에서 관습성을 지니는 관용 표현과 문학에서의 관습성을 보여 주면서 관습성의 정의를 더 알아보도록 한다.

1. 관용 표현

관용 표현이란 필연적이지 않은, 관습적인 속성을 지니는 언어 표현을 말하는데, 이 관습성은 결합, 의미, 사용의 세 가지 측면에서 발현될 수 있으며, 이에 따라 연어, 숙어, 화용론적 관용 표현을 구분할 수 있다.

박영수(2004)에서는 관용 표현이란 용어는 단순히 글자 그대로의 의미로 이해되지 않고 습관적으로 굳어져 쓰이는 표현을 포괄적으로 가리키는 말이다.

다음으로 한국어의 관용 표현의 예시를 들 수 있다.

1) 미역국을 먹다

(비유적으로) '시험에서 떨어지다' 라는 뜻이 있다.

예) 작년에 이어 같은 대학을 지원했지만 또 미역국을 먹었다.

2) 비행기를 태우다

남을 지나치게 칭찬하거나 높이 추어올려 준다는 뜻이 있다.

예) 당연한 일을 했을 뿐이니 공연히 비행기 태우지 마라.

위의 예시를 보는 바와 같이 '미역국을 먹다' 와 '비행기를 태우다' 라는 두 관용 표현은 한국이라는 사회에서 오랫동안 쓰이면서 글자 그대로의 의미가 아닌 새로운 의미가 형성되게 되었다. 외국인들이 이 두 표현을 처음 접할 때 글자 그대로의 의미로 이해하는 경우가 많이 있을 것이다.

또한, 역사적으로 볼 때 일정한 사회 구성원들이 사용하는 관습적 표현은 처음에는 임시적으로 쓰였지만 반복되어 쓰이면서 차츰 관용성을 가지게 되고, 또 처음에는 개인적이고 특수한 상황에서 쓰였지만 이와 유사한 상황에서 반복 사용되어 언중의 동의를 얻음으로써 대중성과 일반성을 갖게 되어 관용 표현으로 굳어지게 된다.

2. 문학의 관습성

언어는 문학에서도 관습성을 지니는 특성이 있다.

관습성은 문학에서 관습적인 표현과 결합한다. 표현 차원에서의 대표적인 관습성은 우선 형식을 들 수 있다. 정형시로서 시조가 가진 형식은 시조의 가장 뚜렷한 관습이다. 그러나 보다 내용에 관련된 관습성도 뚜렷하게 드러난다. 또는 어떤 대상이나 상황 혹은 어떤 주제가 그것이 이미 가지고 있는 관념을 통해 형상화된다면 그것은 관습성을 지닌다. 이러한 관념의 대표적인 예가 관습적 상징이다.

까마귀는 흉조라는 관습적 상징을 가지고 있다. 그 이유는 까마귀가 검은색이라는 지각 속성을 가지고 있기 때문인데, 이 검은색이 전통적으로 죽음 등의 불길함이나 악, 더러움 등과 관련된 부정적인 이미지로 파악되기 때문이다. 까마귀를 대상으로 하는 발상에서 이러한 관념적 의미를 떠올린다면 그것은 관습성에 따른 것이다.

관습성은 한마디로 기대되는 것이 기대된 대로 드러나는 것이다. 다시 말하면 한 사건이 발생한 다음에는 어떤 사건이 뒤따를 것으로 기대되는 것, 이 말이 나오면 다음에 어떤 말이 나올 것으로 기대되는 것, 어떤 대상이 있으면 또 어떤 대상이 함께 있을 것으로 기대되는 것, 바로 그것이 관습성이다.

구성 성분 [構成成分, constituent]

구조주의 언어학에서 둘 이상의 형태소가 결합하여 문장이나 구를 만들었을 때 어휘들 간의 관계.

구조주의 언어학에서 둘 이상의 형태소가 결합하였을 때 그 구성을 직접 구성하고 있는 요소를 직접 구성 성분이라고 한다. 예를 들어 '철수가 밥을 먹었다.' 의 경우 첫째 단계에서는 '철수가' 와 '밥을 먹었다' 가 이에 해당되며 둘째 단계에서는 '밥을' 과 '먹었다' 가 그러하다.

단어의 유기적 연결로 이루어지는 문장은 일종의 구성체(constitute)이다. 구성체는 구성 요소 간의 긴밀한 관계로 성립한다. 더욱 작은 언어 단위가 모여 더욱 큰 언어 단위가 되었을 경우에 이 큰 언어 단위를 구성체라 하고, 이 구성체를 이루는 작은 언어 단위들을 구성 요소(constituent)라고 한다. 그리고 구성 요소가 구성체를 이루는 일을 구성(construction)이라고 한다. 어떤 구성체를 일차적으로 나누었을 때 나뉜 구성 요소를 직접 구성 요소(immediate constituent, 줄여서 IC라고 함.) 혹은 직접 성분이라고 한다. 즉 직접 구성 요소는 어떤 구성체를 이루는 데 직접적으로 참여하는 구성 요소이다. 직접 구성 요소는 단어에서 구(句)와 절(節)로 확대되기도 한다. 그리하여 문장의 구성 요소 간에 계층적인 관계가 성립한다.

문장의 성분이란 문장을 구성하는 요소이다. 한국어에서는 '본용언+보조용언'으로 구성된 것을 제외하고 하나의 어절이 하나의 성분이 된다. 이것은 한 단어로 이루어지기도 하고 체언에 조사가 붙어서 이루어지기도 한다. 문장 성분에는 주성분, 부속 성분, 독립 성분, 접속 성분 등이 있다.

주성분은 문장이 성립하는 데 필수적으로 기능하는 성분이다. 이것을 근간 성분이라고 일컫기도 한다. 주성분이 생략되면 완전한 문장이 되지 못한다. 주성분에는 주어, 서술어, 목적어, 보어 등이 있다.

부속 성분은 주어, 서술어, 목적어, 보어 등과 같은 주성분에 딸린 성분이다. 이것을 종속 성분이라고 일컫기도 한다. 부속 성분은 없어도 대개 문장이 성립한다. 부속 성분에는 관형어와 부사어가 있다.

접속 성분에는 접속어가 있다. 접속어는 어구와 어구, 문장과 문장을 이어 주는 구실을 하는 성분이다. 접속사가 주로 접속어로 기능을 한다.

독립 성분에는 독립어가 있다. 독립어는 다른 성분과 직접적인 관련이 없는, 독립된 성분이다. 이것을 '홀로말'이라고도 한다. 독립어에는 감탄사, 독립격 조사가 결합된 체언 등이 있다.

구절 구조 [句節構造, phrase structure]

문장 내 언어 요소 간의 통사적 관계를 나타내는 구조.

구절의 일반적인 의미는 '한 토막의 말이자 글'로 쓰이고 있으나 문법론에서는 '구와 절'을 아울러 이르는 용어이다. 구라는 것은 두 어절 이상의 어군이 단위가 되어 하나의 성분에 값하는 기능을 할 경우에 이르는 말이다. 구를 가를 때 명사구, 동사구, 관형어구 등 여러 가지로 나타낼 수 있다. 구 구조는 양자적 구성 관계에서 성립한다. 절은 그 짜임의 틀을 주술 구성으로 한다. 한국말에서 주목할 것은 '절'에 대한 문법적 위치이다. 한국말의 절에는 어구에 상대하는 성분절과 문장에 상당하는 문장절이 있다. 간단하게 말하면 구절 구조는 즉, 문장 내 언어 요소 간의 통사적 관계를 나타내는 구조이다. 이것은 구절 구조 규칙에 의해 나타내며, 이것으로 이루어진 문법을 구절 구조 문법이라 한다. 초기 Chomsky의 문법에서 구절 구조의 개념은 미국 기술 문법에서의 직접 성분에 구절 표지를 덧붙인 것이다. 이것은 나무 그림으로 나타낼 수 있다.

나무 그림에 의한 구절 구조는, 첫째 기저의 구성 성분의 선조적 순서를 보여 주며, 둘째 문법적 관계를 정의해 준다. 즉, 지배의 개념을 사용하여 가령 주어는 S(문장)에 직접 지배받는 NP(명사구)로, 직접목적어는 VP(동사구)에 직접 지배받는 NP(명사구)로 정의해 줌으로써 문법 범주와는 다른 차원의 문법 기능을 보여 준다. 또한 구절 구조를 이용하면 표면적으로는 같은 언어 요소와 같은 순서로 구성되어 있으나, 뜻이 다른 2개 이상의 문장을 서로 다른 구절 구조로 기술함으로써 화자 · 청자가 그러한 문장에 대해 알고 있는 언어 지식을 나타낼 수 있다. 또한 기저의 구절 표지가 각 변형 규칙에 기술되어 있는 구조 기술을 만족시키면 그 규칙이 입력되어 변형을 거치며, 중간 단계 구절 구조를 거쳐 최종적으로 표면 구조로 유도된다. Chomsky의 표준 이론에서는 구절 표지의 개념이 약간 수정되어, 첫째 S(문장) 표지가 다시 나타날 수 있는 반복적 기재를 추가함으로써(예: S → P+VP+(S): 이것을 확장 구절 표지라 한다) 내포문을 구절 구조 규칙에 의해서 생성할 수 있게 되었다. 둘째, 표

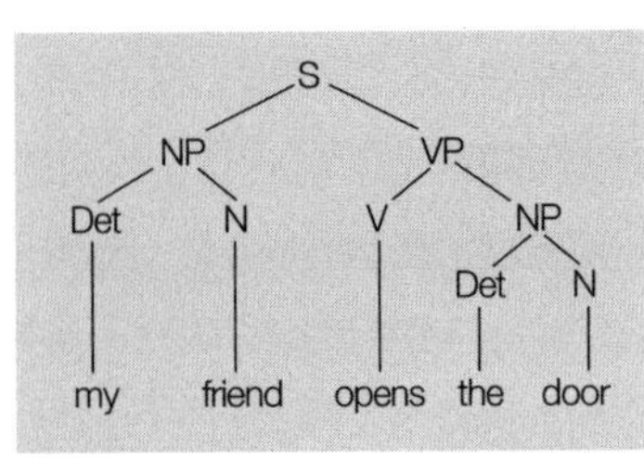

구절 구조

준 이론에서 어휘는 어휘부에 모두 들어 있으며, 단지 구절 구조 규칙이 복합 기호를 다시 쓰도록 함으로써 복합 기호와 어휘부의 상호작용에 의한 일종의 변형에 의해서 어휘가 삽입되도록 하였다. 이처럼 구절 구조 규칙이 복합 기호를 포함하게 되어 어떠한 어휘가 나타날 수 있는 통사적 문맥과 의미적 문맥을 동시에 나타낼 수 있게 되었다.

구조주의 [構造主義, structuralism]

어떤 사물이 전체 체계 안에서 다른 사물들과의 관계에 따라 규정된다는 인식을 전제로 하여, 개인의 행위나 인식 등을 궁극적으로 규정하는 총체적인 구조와 체계에 대한 탐구를 지향한 현대 철학 사상의 한 경향.

구조주의는 언어학, 인류학, 정신분석학, 사회학, 미학과 정치이론 등의 발달에 매우 커다란 영향력을 미쳤다. 그래서 구조주의는 단순히 철학의 한 유파라기보다는 하나의 세계관이자 그로부터 비롯된 학문적으로서의 특징을 지닌다.

구조주의의 특징을 다음과 같이 정리할 수 있다.

세계 안에서 사물은 언제나 다른 사물들과 유기적인 관계를 맺으며 존재한다. 그 관계망 안에서 사물이 지니는 위치에 따라 사물의 의미는 규정되며 변화한다. 따라서 사물의 의미는 개별적으로 인식될 수 있거나 고정되어 있는 것이 아니다. 그것을 부분으로 삼고 있는 전체 체계와 구조 안에서 사물의 의미는 비로소 인식될 수 있으며, 체계의 변화에 따라 사물의 의미도 변화한다. 따라서 구조주의는 전체 체계 안에서 사물들의 관계를 기술하고, 그 의미를 이해하려 시도한다. 그리고 개개인의 행위나 인식 등을 포괄하고 그것들의 최종적인 성격을 규정하는 구조와 체계의 원리를 밝히려 한다.

언어학에 있어서의 구조주의는 먼저 이미 알고 있는 사실에 대한 새로운 접근 방법을 의미한다. 즉 이미 알고 있는 사실을 체계 내에 있어서의 그 기능과 관련해서 재검토하는 것이다(김방한, 1992).

구조주의 언어학은 Saussure(1857~1913)에 의해 시작되어 전반 언어학계를 지배했던 언어 철학 및 언어 연구 방법론을 말한다. 이 관점에서 볼 때, 언어는 하나의 체계로 존재하기 때문에 개별적인 문법 요소보다는 요소 간의 관계를 통해 설명해야 한다.

예를 들어 한국어의 소리의 층위에서 'ㅂ' 소리는 그것 혼자로는 어떤 가치도 없으며, 그것과 'ㅃ' 및 'ㅍ', 나아가 'ㄷ', 'ㄱ' 과의 대립 관계에서 그 가치가 생긴다는 것이다.

또 '사랑' 이라는 단어는 누구나 알고 있는 단어이지만 그 개념은 사람에 따라 행복한 사랑, 슬픈 사랑, 분노한 사랑 등 많은 의미가 부여될 수 있다. 이처럼 단어가 사람마다 다른 의미를 주고 있는데 의사소통이 가능한 이유는 '사랑' 이라는 단어가 어떤 개개인의 사건, 경험을 직접 지칭하는 게 아니라, 사람들 정신 속에 내재된 선험적 구조들이 '사랑' 이라는 단어와 관계하여 의미를 주기 때문에 우리들은 그것으로 인해서 서로 의사를 주고받을 수 있는 것이다.

국제음성기호 [國際音聲記號, IPA, International Phonetic Alphabet]

1888년 국제음성학회(International Phonetic Association)에서 여러 언어를 동일하게 표기하기 위해 로마자에 토대를 두고 여기에 몇 가지 신호를 덧붙여서 고안한 음성 기호.

언어마다 다른 표기를 사용하기 때문에 각 언어가 가지고 있는 개별 문자를 이용하여 명확한 발음을 전달하는 일은 매우 어렵다. 또한 일반적인 표기 방식은 대개 실제 발음과 차이가 난다. 예를 들어 '없다' 와 '엎다' 는 동일한 발음인데 서로 다르게 표기되며, 영어 'read' 의 모음 부분은 현재 시제일 때는 [iː]로 읽히고 과거 시제일 때는 [e]로 읽히는데 이는 표기와 발음이 일 대 일로 대응되지 않음을 보여 준다.

일반적인 표기에서는 동일한 발음이 달리 표기되기도 한다. 예를 들어 영어 'rough' 의 'gh' 가 '[f]' 로 발음되고, 'women' 의 'o' 가 '[i]' 로 발음되며, 'station' 의 두 번째 't' 가 '[ʃ]' 로 발음되는 것을 토대로 하여 'fish' 를 'ghoti' 처럼 표기할 수도 있을 것이다.

언어를 기술할 때 문자와 발음이 대응되지 않아서 일어나는 불편함을 없애기 위해 고안된 기호를 음성 기호라고 하며 [ ]안에 표기한다. '국제음성기호' 는 1888년 국제음성학회에서 여러 언어를 동일하게 표기하기 위해 로마자에 토대를 두고 여기에 몇 가지 신호를 덧붙여서 고안한 음성 기호이다.[1)]

이 전사 체계는 일반적인 자음, 모음뿐 아니라 매우 특별한 말소리와 세밀한 음성 정보까지도 적을 수 있는 온갖 문자와 기호들로 구성되었지만 그래도 개별 언어의 모든 소리를 일일이 적는 데는 모자람이 있다. 그래서 사정에 따라 적당히 변형하거나 보완해서 사용하기도 하는데, 물론 이 사실은 한글이 지니는 문자론적 차원의 단점은 전혀 아니다. 만약 한글이 모든 음성을 다 적을 수 있도록 만들어졌다면 훨씬 더 배우기 어렵고 복잡해서 일반 문자로서의 구실은 거의 감당하지 못했을 것이다. 예컨대 '사람' 의 'ㅅ' 과 '시시해' 의 'ㅅ' 을 각각 다른 자음 글자로 적는 상황을 가정해 보라. 이런 점을 고려해서, 기존의 한글 자모와 이들을 적절하게 변형시킨 글자꼴과 기호들로 이루어진 새로운 전사 기호를 개발하기도 했는데[2)] 이것이 대한음성학회의 '한글 음성 문자' (Korean Phonetic Alphabet)이다.[3)4)]

굴절어 [屈折語, inflectional language]

구조적 · 형태적 특징으로 본 언어의 한 유형.

단어에 접미사나 접두사가 붙어 새로운 단어로 만들어진 어휘를 파생어라 하고 어미가 연결되어 활용이 이루어진 어휘를 굴절어라 한다. 예를 들면, '웃어라, 웃고, 웃으면, 웃으니, 웃지, 웃는다' 에서 '-어라, -고, -으면, -으니, -지, -는다' 는 어미이고, '웃어라, 웃고, 웃으면' 등은 어미가 연결되어 활용한 굴절어이다.

파생과 굴절을 구분해야 할 것인가 구분하지 말아야 할 것인가 하는 것은 형태론의 가장 기본적인 문제 중의 하나이면서 아직껏 논자들 사이에 의견의 일치를 보지 못하고 있는 문제 중의 하나이기도 하다(송철의, 1992:19-27). 국어는 굴절어미[5]가 풍부하게 발달해 있는 언어 중의 하나이며 또한 그 굴절어미들(특히 연결어미들)이 통사적 구성과 관련 없이는 이해될 수 없는 언어이다.

파생과 굴절을 구분하려면 그 기준이 제시되어야 한다. 그 기준이란 결국 파생과 굴절이 어떤 점에서 차이를 보이는가 하는 점일 것이다.

차이점을 하나씩 검토해 보기로 하겠다.

1) 파생접사와 굴절어미의 가장 기본적인 차이는 새로운 단어(혹은 어간)를 형성할 수 있느냐 없느냐 하는 것이다. 파생접사는 새 단어를 만들어 내지만 굴절어미는 새 단어를 만들어 내지 못한다.
2) 파생접사는 어기의 통사 범주를 바꿀 수 있지만 굴절어미는 바꿀 수 없다.
3) 파생의 패러다임에서는 빈칸이 많이 나타나지만 굴절의 패러다임에서는 불구적인 경우(불구동사)를 제외하면 빈칸이 나타나지 않는다.
4) 파생접사(접미사)는 항상 굴절어미보다 어기에 가까이 위치한다. 이는 바꾸어 말하자면 굴절접사가 파생접사 앞에 나타나는 일은 없다는 것을 의미한다.
5) 파생접사는 어기에 어휘적인 의미를 더해 주지만 굴절어미는 문법적인 의미만을 더해 준다.
6) 굴절어미들은 의미가 일정하지만 파생접사들은 의미가 일정하지 않을 수도 있다.
7) 대체로 굴절형들의 의미는 규칙적으로 예측될 수 있지만 파생어들의 의미는 규칙적으로 예측되지 않는 경향이 있다.
8) 파생어에서는 어기의 의미가 극히 제약되지만 굴절형에서는 어간의 의미가 제약되지 않는다.

9) 파생어는 어휘 고도 제약을 갖지만 굴절형은 그러한 제약을 갖지 않는다.
10) 파생어들은 독자적인 단어로서 어기와는 관련 없이 통시적인 의미 변화나 형태 변화를 겪을 수 있지만 굴절형들은 그러한 독자적인 통시적 변화를 겪는 일들이 드물다.[6)]

규범주의 [規範主義, prescriptivism]

일련의 바른 쓰임새의 규칙인 문법에 중점을 두어 문법의 진위 판단, 체계화와 규칙화가 주 연구 대상이 되는 경향.

문법 분야에 있는 규범주의는 꼭 지켜야 하는 문법 규칙이라고 해도 된다. 규범주의를 학교 교육에 적용하자면 학교 문법과 유사한 것으로 볼 수 있다. 문법 중에 꼭 지켜야 하고 바꾸면 안 되는 규칙들이 있다. 이런 규칙을 종합하고 간결한 언어로 편집되면 이것이 바로 학교 문법 또는 규범 문법이다.

규칙 지배성 [規則支配性, rule-governed property]

언어가 일정한 형식, 즉 규칙에 따라 배열될 때만 구체적인 의미를 지닌다는 성질.

우리는 간혹 우리가 사용하고 있는 언어가 일정한 규칙을 가지고 있으며, 그러한 규칙들이 일정한 체계를 이루고 있다는 사실을 미처 깨닫지 못하는 경우가 있다. 언어는 일상생활을 하면서 잠시도 없이 지낼 수 없는 것이면서도, 모어에 관한 한 특별한 고민이 없이도 필요한 말은 구사하는 데에 거의 불편을 느끼지 못하는 까닭에 언어가 규칙으로 이루어져 있다는 사실을 미처 깨닫지 못하는 경우가 있다.

규칙 지배성은 언어의 본질의 하나이다. 언어 사용자는 일정한 규칙에 의해 단어를 결합하여 발화, 언어 규칙이 뇌 속에 내재화되어 있다. 모든 언어는 규칙의 지배성을 받는다. 또한 언어를 통해 새로운 의미를 창조할 수도 있으며 무한대로 언어의 의미를 만들어 낼 수 있다. 언어는 의미와 소리의 결합인데, 이 결합에 어떤 필연적 이유가 없다.

김종복(1998)에서는 모국어 화자가 무한수의 문장을 만들어 낼 수 있는 능력이 있지만, 이들 무한수의 문장은 모국어 화자들이 정문(well-formed sentences)으로 받아들이는 문장이어야 한다. 즉, 우리가 말하는 언어란 일련의 소리들의 집합(set of sound strings)으로 구성되어 있지만 모든 소리들의 집합이 문법적이지는 않다.

예를 들어 man, ball, a, the, kicked와 같은 단어들을 아무런 제약 없이 섞어서 말한다면 (1)에서와 같은 비문법적인 문장을 생성하게 된다.

(1) a. *Kicked the man the ball.
 b. *Man the ball kicked the.
 c. *The man a ball kicked.

이들 다섯 단어를 가지고 우리가 만들어 낼 수 있는 가능한 조합수는 5!=120가지이지만, 이들 중 문법적인 문장은 단지 (2)에서 주어진 문장에 한정되어 있다.

(2) a. The/A man kicked the/a ball.
 b. The/A ball kicked the/a man.

이러한 정문들의 조합들만을 생성해 낼 수 있는 문법적 능력(grammatical competence)은 영어를 사용하는 화자들은 모두 갖고 있다.

우리가 말하는 문법(grammar)이란 이러한 문법적 능력을 연구하는 것이다. 문법이란 것은 한마디로, 단어들의 모든 가능한 조합에서 정문이 되는 조합들만 생성해 내거나 만들어 낼 수 있는 명시적인 도구(explicit device)

라고 할 수 있다. 이러한 기능을 다하는 문법을 생성 문법(Generative Grammar)이라고 한다.

기능 문법 [機能文法, functional grammar]

한 문장의 단어들 사이에 있을 수 있는 관계성은 변형 규칙에 의해서가 아니라 어휘집으로 명세화될 수 있다고 하는 문법.

문법 그것은 어려운 용어를 가지고 장황하게 설명하지 않더라도, 언어 공부 과정에서 누구나 터득할 수 있다. 이를테면, 어린이는 자꾸 듣고 말하는 중에, 스스로 모든 것을 깨친다. 또한, 과거에는 이런 방식으로 문리가 트여야 한문을 터득한다고 하여, 수없이 되풀이하는 중에 스스로 그 문법을 깨치게 했다. 이 문리는 곧 문법 자체를 가리킨 말이다.

기능 문법은 한 문장의 단어들 사이에 있을 수 있는 관계성은 변형 규칙에 의해서가 아니라 어휘집으로 명세화될 수 있다고 하는 문법이다. 많은 문법 학자들이 기능을 중시하고 있으나, 1970년대에 뚜렷한 기능주의문법을 제창한 학파는 크게 두 파로 나눌 수 있다. 네덜란드의 Dick의 기능 문법과 미국의 Kuno의 기능 문법이 그것이다.

Dick은 언어의 의사 전달, 소통의 기능을 의미와 통사(統辭)의 기능 못지않게 중요시해 다음과 같은 문법의 3대 기능을 제시하였다. ① 의미 기능: 행위자(agent) · 목표(goal) · 수용자(recipient) 등 ② 통사 기능: 주어(subject)와 목적어(object) ③ 화용 기능: 머리(theme)와 꼬리(tail), 화제(topic)와 초점(focus)의 기능들이 상호작용, 이를테면 "철수는 개구리를 잡았다."라는 문장에서 '철수는' 은 '행위자-주어-화제' 의 복합된 기능을, '개구리를' 은 '목표-목적어' 의 복합 기능을 가진다고 분석하였다. 생성 문법적인 기술 방법을 취하면서도 변형(transformation) · 여과(filter) · 어휘 해체(lexical decomposition) 등은 인정하지 않는다.

Kuno의 기능 문법도 언어의 의사 전달 기능을 중요시하고 Chomsky의 통사 · 형식 위주의 문법 기술이 적절하지 못함을 지적하고 대명사화 등 조응(anaphora) 현상이 통사적으로 설명할 수 없는 대신에 새로운 정보, 알려진 정보 등에 기반을 둔 화제 · 초점 등 화용적인 기능으로 설명할 수 있다고 주장한다. Dick식(式) 기능 문법과는 달리 독립된 문법의 체계는 이루지 못하고 있다.

기술 문법 [記述文法, descriptive grammar]

한 언어의 특정한 시기의 언어, 문법 현상을 있는 그대로 기술하는 문법.

규정 문법의 목적이 사람들이 의식적으로 따라야 하는 규칙들을 만들어내는 데 있다면, 기술 문법의 목적은 사람들이 무의식적으로 사용하는 규칙들을 발견하는 데 있다. 실현된 문장을 한정된 규칙을 써서 명시적으로 밝히고 그 구조의 분석을 부여하는 것을 목표로 삼는다.

규정 문법 규칙들은 명령문(command)-즉, '이렇게 말하라/말하지 말라' -의 형태를 취하는 반면, 기술 문법 규칙들은 전형적으로 진술문(statement)-즉, '사람들이 이렇게 말한다 또는 말하지 않는다' -의 형태를 취한다.

따라서 기술 문법은 규범 문법에서 말하는 올바른 문장뿐만 아니라 옳지 않다고 판단되는 문장일지라도 모국어 사용자(native speaker)에 의해 자주 쓰이면 분석 대상으로 삼는다.

(1) 하늘을 날으는 원더우먼

(2) 잊혀진 계절

위 두 예문은 일상생활에서 자주 쓰인다. 규범 문법에 따르면, 비문이기 때문에 '하늘을 날으는 원더우먼' 은 '하늘을 나는 원더우먼' 으로, '잊혀진 계절' 은 '잊힌 계절' 혹은 '잊어진 계절' 로 고쳐 써야 한다. 따라서 위 예문은 규범 문법의 분석 대상이 아니다. 하지만 기술 문법에서는 위 예문을 분석의 대상으로 삼고 이를 통해 한국어 화자들이 무의식적으로 사용하는 규칙을 발견하고자 한다.

기술주의 [技術主義, descriptivism]

미국의 구조주의 언어학을 가리키는 말.

기술 언어학(descriptive linguistics)은 객관적 기준에 따라 언어 구조를 연구하게 되며 그 기준은 관여적(relevant)인 것을 잉여적(redundant)인 것과 구별되고 이항성(binarity)의 원리의 대립을 명백하게 하는 과정에 기초를 두고 있다.

미국의 구조 언어학은 주로 기술 언어학(記述言語學)으로 불리는 경우가 많은데 인류학자 Boas의 아메리카 인디언제어에 대한 연구에서 시작하여, Sapir와 Bloomfield에 의하여 기초가 놓였다. 특히 Bloomfield의 저서인 언어(Language)는 미국학계에 지대한 영향을 끼쳤다.

이 학파의 특징은 당시의 행태주의 심리학(行態主義心理學, behaviorism psychology)의 영향을 받아 외형으로 드러난 객관적인 언어만을 연구 대상으로 삼았으며 방법에 있어서도 심리주의를 철저히 지양하고 객관주의를 취하였다. 또한, 언어 기술의 층위를 나누어 형식적으로 기술할 것을 주장하였다.

이러한 주장에 의하여, 후계자들은 의미(意味)의 기술을 주관적이라고 하여 배제하였으며, 언어 단위의 외형적 분포(分布)를 중요시하여 이를 정밀히 형식적으로 기술하였다. 이들을 분포주의자(分布主義者)라고도 하는 것은 이 때문이다. 그러나 이들의 연구는 음운론 · 형태론 등의 하위 체계 분석에서는 성공하였으나 통사론(統辭論)의 분야에서는 그다지 성공하지 못하였다.

이러한 통사론의 약점을 보완한 사람이 Chomsky이다. 그는 지금까지의 언어학에 그다지 관심을 기울이지 않았던 인간의 언어 능력, 즉 지금까지 한 번도 들어보지 못한 문장을 포함하여 무수히 많은 문장을 발화(發話) · 이해할 수 있는 능력과 아울러 유아기의 비교적 짧은 시일 내의 정확한 언어 습득 등의 이론을 기초로 하여, 이러한 언어 능력과 언어 습득 기제(機制)를 설명해 주는 모델을 설정하는 것을 언어 이론의 목표로 삼았으며, 이러한 문법을 변형생성문법(變形生成文法, transformational generative grammar)이라고 하였다. 그는 기저 구조(基底構造, deep structure)와 표면 구조(表面構造, surface structure)를 설정하고 기저에서 생성된 문법이, 변형을 거쳐 표면 구조로 도출된다고 보았으며, 기저 구조에서는 의미 해석이, 표면 구조에서는 음성 실현이 각각의 규칙에 의하여 이루어진다고 하였다.

이후 변형생성문법은 여러 가지 갈래로 발전해 갔으며, 여러 언어를 대상으로 하여 그 모델이 검증되고 있다.

위의 약술에서 알 수 있듯이 언어학은 언어의 구조 그 자체를 파악하기 위하여 여러 관점에서 연구된다. 언어 음성을 대상으로 하는 음성학과 음운론, 형태소의 기능을 연구하는 형태론, 형태소들에 의한 문장 구성을 연구하는 통사론, 단어 또는 문장의 의미를 대상으로 하는 의미론, 그리고 어휘의 체계를 대상으로 하는 어휘론이 있으며 또 그 방법에 따라, 역사 언어학 · 비교 언어학 · 대조 언어학 · 일반 언어학 등이 있다. 현대의 언어학의 발달은 자연적으로 인접 과학과의 교류를 필수적인 것으로 만들었으며, 이에 따라 사회 언어학 · 심리 언어학 · 인류 언어학 · 언어 철학 · 수리 언어학 등의 분야가 있다.

기술주의 언어학 [技術主義言語學, descriptive linguistics]

인류학자 Boas의 아메리카 인디언제어에 대한 연구에서 시작하여, Sapir와 Bloomfield에 의하여 기초가 놓인 미국의 구조주의 언어학.

구조주의 언어학은 유럽과 미국에서 동시에 발전하기 시작했지만, 유럽의 구조주의 언어학은 Saussure의 영향을 받은 데 반해 미국에서는 Saussure의 영향을 덜 받은 편이다. 이런 상황에서 미국의 언어학은 아메리칸 인디언들의 문화와 언어에 대한 활발한 연구를 배경으로 언어 이론을 펼쳐나갔다. 미국의 인디언어에 대한 탁월한 전문가였던 Boas는 토착인들의 언어에 대한 분석에서 다음과 같은 사실을 인식했다. 즉 인디언어들은 그리스-로마에서 유래하는 문법의 도식 속에 끼워 넣을 수 없다는 점이며, 인도게르만어들의 범주들을 토착인들의 언어에 전용하는 것은 잘못된 결론에 이를 수밖에 없다는 점이다. Boas는 언어와 언어를 서로 관련시키지 않고 언어 나름대로의 고유한 원칙에 따른 언어 분석을 철저하게 요구했다. Boas의 문제 제기에서 공시적인 관점의 우위가 생겨난 것은 불가피한 상황이었다. 왜냐하면 단지 현존하는 언어 자료만이 이용됨으로써 역사적 연구는 결코 가능하지가 않았기 때문이었다. 또한 인디언어들은 아무런 문자의 전통을 가지고 있지 않았으며, 주로 입으로 구전되어 보전되어 왔기 때문에 이 점에도 입말의 우위는 필연적인 결과였다. 그밖에도 랑그[7] 층위에서의 이들 언어에 대한 아무런 체계적인 서술이 없었기 때문에 파롤[8] 층위에 유리한 판단이 내려질 수밖에 없는 상황이었다. 즉 미국 구조주의 언어학은 파롤을 자료로 삼아 이를 기술해 내는 귀납적인 방법을 사용했던 것이다. 미국 구조주의 언어학이 또한 기술주의 언어학으로 불리는 점은 바로 이에 연유하고 있다. 그러나 초기학자들의 업적은 모르는 언어를 기술하려고 했을 때 언어학자들이 따를 확고한 지침이 없었기 때문에 일관성이 결여되어 있었다. 그러다가 Bloomfield가 언어를 기술하는 새로운 방법을 제시하여 활발한 연구를 하게 되었다. Bloomfield계 학자들의 견해에 의하면, 어떤 한 언어 형식의 내용에 해당하는 의미에 대해서는 객관적으로 검증 가능한 기술이 불가능하다. 이를테면 '책상'이라는 언어 기호의 의미를 묻는 질문에 대한 답변은 항상 주관적인 생각이나 경험 및 선입견에 좌우하기 때문에 언어학자들마다 제각기 다른 답변이 나오게 된다. 객관적이며 학문적인 방법을 통해서는 다음과 같은 기술만이 가능하다. ① 특정 음운들이 연결된 형식인 표현면 ② 이 형식이 나타나는 각종 음성 환경들에 대한 기술. 어느 특정 언어 형식이 발견되는 환경들의 전체를 그 언어 형식의 분포[9]라고 부른다. 미국 구조주의 언어학에서는 그 언어 형식을 기술하는 데 그 언어 형식의 분포가 중요한 사항이 되기 때문에 미국 구조주의를 분포주의라고도 부른다.

내부 확장 영역 [內部擴張領域]

합성어와 구를 구별할 때 합성은 접사를 제외한 둘 이상의 어휘소(어근)들이 직접 구성 성분으로 결합하여 새로운 어휘소를 만드는 과정이다. 합성어와 구를 구별하는 기준은 형식과 의미의 두 측면을 모두 고려해야 한다. 합성어와 구의 구별은 다음의 몇 가지로 가능하다.

(1) 연접(띄어쓰기)
(2) 비분절 음소
(3) 음운 변동
(4) 구성 성분 간의 내적 확장
(5) 구성 성분의 통어 구조 참여 여부
(6) 구성 성분의 배열 순서

구별하는 방식 중에 내부 확장 영역이 포함된다. 구일 경우는 내부 성분을 확장할 수 있으나 합성어는 그렇지 못하다. 또한 합성어는 내부 구성 요소가 서로 긴밀하여 의미 변화가 일어날 수 있다.

합성어는 실질 형태소들의 배열 방식이 한국어가 가진 일반적인 단어 배열 방식과 같은가 다른가에 따라 통사적 합성어와 비통사적 합성어로 나뉜다. 통사적 합성어는 두 어근이 모두 단어일 때만 가능한데, 두 단어의 배열 방식이 구와 같은 합성어이다. 그래서 통사적 합성어를 구형 합성어라고 한다. 반면 비통사적 합성어는 단어가 아닌 어근이 섞여 있거나 용언의 어간끼리 결합한 합성어이거나 사이시옷이 개재된 합성어 등이다. 현대 한국어의 합성어는 한자어를 제외하면 통사적 합성어가 비통사적 합성어보다 훨씬 생산적으로 만들어진다.

대응 [對應, correspondence]

어떤 두 대상이 주어진 어떤 관계에 의하여 서로 짝이 되는 일.

음운의 대응이란 같거나 유사한 의미를 지니는 단어들 사이에서 한 언어의 특정 음운이 다른 언어의 특정 음운에 대응하는 것이다. 음운 대응은 비교 언어학에서 사용되는 방법 중 하나로 다른 언어의 문법 체계, 그중에서도 음운 체계를 비교해 보아 해당 언어의 친족 관계를 알아보거나 조어가 무엇인지를 살펴보는 데 등에 사용된다.

언어들 사이에 널리 혹은 우연히 존재할 수 있는 유사성이 아니라 그들이 친족이기 때문에 공유할 수밖에 없는 체계적인 유사성이 있음을 밝혀내어야 친족 관계를 증명할 수 있는데 친족 관계가 증명되기 위해서는 이러한 음운의 대응이 규칙적으로 나타나야만 한다. 그래서 이를 위해 비교 언어학에서는 비교 방법이라는 방법론을 개발해 내었다. 비교 방법에서는 음운 대응 규칙을 중시한다.

예를 들어, 한국어가 알타이 세 어군인 터키어, 몽골어, 퉁구스어와 음운에 있어서 대응하며 일정한 규칙을 보여 주고 있다는 사실이 연구되면서 한국어가 알타이 어족에 속한다는 결론을 이끌어 낼 때에도 음운 대응이 사용되었다. 같은 계통에 속하는 언어들의 서로 다른 음운 체계는 공통 조어의 음운 체계에서 나와 이후 각각의 규칙적 변화의 결과로 인해 산출된 것으로 보이며 이러한 사실로써 같은 계통에 속한 언어의 음운 대응이 규칙성을 지니게 된다.

동물의 의사소통 [animal' s communication]

한 동물이 다른 동물에게 소리, 눈에 띄는 표시, 몸짓, 맛, 냄새, 전기 충격, 상대방에 대한 접촉 또는 이러한 여러 매체를 혼합시켜 정보를 전달하는 것.

동물의 의사소통의 실재 · 성격 · 범위는 오랫동안 관심의 대상이 되어 왔으며, 오늘날과 같은 과학적 연구가 진행되도록 자극을 주어 왔다. 동물은 여러 가지 방법으로 자기의 의사를 남에게 전달한다. 방어 · 공격 · 구애 · 위협 등을 할 때 형태 · 소리 · 냄새 등의 방법으로 그 뜻을 전한다. 의사소통이란 이러한 활동을 통해 다른 생물의 행동에 변화를 가져오는 것을 말한다. 의사 전달의 방법으로는 시각적인 것, 청각적인 것, 화학적인 것, 촉각적인 것 등이 있다. 동물의 의사소통에는 대부분 소리가 사용되는데 소리는 다른 매체와 비교해 몇 가지 장점이 있다. 소리는 빨리 사라져 전달자의 위치를 감출 수 있으며 높이 · 지속 시간 · 세기 · 반복 등 다양한 변수가 많아서 여러 가지 신호법을 개발할 수 있다. 또 빽빽한 숲이나, 멀리 떨어진 곳, 어둠 속, 물 속 등과 같이 다른 매체를 사용하는 것이 쉽지 않은 환경이나 상황에서도 사용할 수 있다. 대부분의 의사소통은 목소리로 하지만 예외도 많이 있다.

사례를 소개하면 아래와 같다.

토끼(행동으로)

- 기쁠 때: 깡충깡충 뛴다.
- 경계를 할 때: 뒷다리로 서서 귀를 세운다.
- 사랑을 표시할 때: 발을 빙글빙글 돌린다.
- 화가 났을 때: 으르렁거린다.
- 위험을 느꼈을 때: 발을 쾅쾅 찬다.
- 자기 영역을 표시할 때: 턱을 문지른다.

개(행동과 소리로)

- 기분이 나쁠 때: 으르렁거린다.
- 기쁠 때: 밝게 짖는다.
- 공포를 느낄 때: 깊고 무거운 소리가 목으로부터 새어 나온다.
- 고통을 느낄 때: 날카로운 비명소리처럼 짖는다.
- 기세등등할 때: 꼬리를 올린다.
- 반가울 때: 꼬리를 좌우로 가볍게 흔든다.
- 자신감이 없을 때: 꼬리를 내린다.

• 공격할 준비가 됐을 때: 귀를 쫑긋 치켜세우고 입에 힘을 가득 준다.
• 겁먹었을 때: 몸을 비틀며 근육을 쭉 편다.10)

랑그 [langue]

Saussure가 처음 사용한 언어학 용어로, 집단 속에서 언어 능력의 운용에 필요한 사회적 코드.

Saussure가 현대 언어학에 미친 중요한 공헌 중의 하나는 언어를 랑그와 파롤의 두 가지 측면으로 구분하였다는 것이다. 언어는 하나의 시스템으로서 사회의 구성원이 공유하기 때문에 의사소통이 이루어지지만, 동시에 개인마다 다른, 각 개인이 가지고 있는 사적인 체계이기도 하다. Saussure는 전자를 랑그, 후자를 파롤이라고 부르고 개인마다 다를 수 있는 파롤이 아니라, 공동의 사회적 시스템으로서의 언어, 즉 랑그가 언어학의 대상이라고 주장하였다.

복잡하고 혼질적인 랑가주(언어 활동)를 랑그와 파롤(parole)로 식별하고, 랑그를 본질적 · 등질적 · 사회적인 언어 체계로 규정지었다. 한국인 사이에 한국말로 의사 전달이 가능한 것은 성원 모두에게 등질적이고 공통적인 한국말의 규칙이 서로 인식되어 있기 때문이라고 보는 견해이다. 이때 언어 행위 및 발화된 음성 연속을 파롤이라 한다. Saussure의 랑그와 파롤의 구별은 애매한 점이 있으나, 언어 현상에서 되풀이해서 나타나는 것과 일회적인 것을 구별해서 지적하였다. 랑그와 파롤의 구별은 구조주의 언어학의 출발점으로 간주된다.

말뭉치 언어학 [corpus linguistics]

실제 언어 혹은 실제 언어의 샘플을 이용하여 언어를 공부하는 응용 언어학의 한 분야.

초기에는 수작업으로 이루어졌으나 컴퓨터의 발달로 지금은 많이 자동화 되었다.

현대 말뭉치 언어학의 기점이라 할 만한 것은 브라운 말뭉치를 구축하고 연구한 현대 '미국 영어의 전산 분석'(1967)의 출간이다. 브라운 말뭉치는 다양한 소스에서 100만 어절을 선택한 현대 미국 영어의 한 표본이다. 그 이후 수많은 말뭉치들의 모범이 되었다.

한국어 말뭉치도 다수 구축되었다.

1. 연세 한국어 말뭉치(1987~): 1960년대 이후의 한국어 4,200만 어절, 연세한국어사전을 만드는 데 활용, 연세대학교 언어정보연구원
2. 고려대학교 한국어 말모둠(1995): 1970~90년대 한국어 1,000만 어절, 고려대학교 민족문화연구소
3. 국립국어원 말뭉치(1992~): 1400년대 이후의 한국어 6,800만 어절, 표준국어대사전을 만드는 데 활용, 국립국어원

말뭉치의 종류

- 용도에 따라: 균형 말뭉치(balanced/core corpus), 학습 말뭉치(training corpus), 학습자 말뭉치(learner's corpus), 방언 말뭉치(dialect corpus)
- 가공 정도에 따라: 원시 말뭉치(raw corpus), 주석 말뭉치(tagged/annotated corpus), 분석 말뭉치(analyzed corpus)
- 시대에 따라: 공시적 말뭉치(synchronic corpus), 역사 말뭉치(historical/diachronic corpus)
- 변화 여부에 따라: 정적 말뭉치(static corpus), 동적 말뭉치(dynamic/monitor corpus)

21세기 세종 계획의 결과로 구축된 말뭉치 중에는 현대 국어 구어 전사 말뭉치, 한영/한일 병렬 말뭉치, 북한 및 해외 한국어 말뭉치, 역사 자료 말뭉치, 전문 용어 말뭉치 등의 다양한 특수 말뭉치가 포함되어 있다.

말뭉치 언어학의 연구 방법

- **주석 달기**(annotation)는 텍스트에 구조를 부여하는 것이다. 주석은 품사 주석, 구문 주석 등 목적에 따라 다양하게 달 수 있다.
- **추상화**(abstraction)는 분석의 틀을 마련하는 것이다. 언어학 이론과 말뭉치를 함께 고찰하여 분석하고자 하는 목적에 맞는 틀을 고안한다.
- **분석**(analysis)은 통계적으로 자료를 재조합하여 해석하는 것이다.

말뭉치 언어학의 활용

말뭉치를 분석하여 얻을 수 있는 가장 유용한 정보는 빈도이다. 특정 어휘, 특정 환경이 말뭉치 내에서 얼마나 많이 나왔느냐를 관찰하면 이후 연구의 방향을 잡을 수 있기 때문이다. 또 언어학적 가설을 검증할 때 말뭉치 내에서의 빈도는 강력한 증거가 된다. 그리고 연어 연구, 변이 연구, 역사 언어 연구, 비교 언어학, 언어 교육, 사전 편찬 등 영역에 있어서 말뭉치의 활용도 필요하다.

말뭉치 언어학의 한계

사전 편찬이나 언어 연구에서 모든 것이 말뭉치만으로 해결되는 것은 아니다. 말뭉치로 구축하기 매우 힘든 언어 현상들도 있고 비용 문제도 있다. 게다가 비교적 높은 수준의 자연어 처리 능력과 데이터베이스 관리 능력이 필요하고, 많은 경우 저작권 문제가 걸리기 때문에 국가나 학계 이외의 곳에서 진행하기에는 어려운 면이 있다. 그리고 말뭉치에 정교한 주석을 다는 일은 문서 수집 못지않게 방대한 일이므로 대규모 프로젝트가 마련되지 않으면 하기 어렵다.

문법성 [文法性, grammaticality]

원어민 화자가 자기가 사용하는 언어가 가지고 있는 규정된 규칙에 일치시킬 수 있는 문법적 적격성.

문법이란 언어에 내재하고 있는 규칙과 원리이다. 문법은 문장 구조의 적격성의 판단 능력과 문장의 의미 해석 능력을 포함한다. 즉 문장에 대하여 그 문법성을 판단하고 문장의 의미를 파악할 수 있는 언어 능력이 문법이다. Crain(1999)에서 문법성의 판단 능력은 문법적으로 어색한 문장을 찾아내는 능력을 의미한다고 제시되었다. 결론을 내리자면 문법성은 문법의 문법적 적격성이라고 정의할 수 있다.

제2언어 습득의 문장 단순화 원리[11)]

외국인에게 말을 할 때나 가르칠 때의 토박이들의 말을 되도록 단순화하려는 심리는 크게 문법성을 깨트리면서 그렇게 하려는 현상과 문법성을 지키는 범위 안에서 그렇게 하려는 현상으로 나뉘어 나타난다.

문법성을 파괴하는 절차는 크게 생략과 확장, 재배치 등의 세 가지가 있다. 영어로 예를 들면 생략의 절차에는 관사를 위시하여 'be' 동사, 접속사, 주어 대명사와 같은 기능어들을 제거시키는 절차와 복수형 표지나 과거형 표지와 같은 어형 표지들을 제거시키는 절차의 두 가지가 있다. 그 다음으로 확장의 절차의 예로는 의문문 끝에 'yes?' 나 'no?' 와 같은 부가어를 덧붙이는 것을 들 수가 있다. 그러나 중요한 것은 문법성이 파괴되는 경우보다는 그것이 지켜지는 경우가 훨씬 많다는 것이다.

문법성을 유지하면서 문장을 단순화하는 현상은 언어의 구조에 맞추어 음운적인 것과 어형 및 통사적인 것, 의미적인 것 등의 세 가지로 나누어 고찰해 볼 수가 있다. 구체적인 방법은 다음과 같다.

1) 음운적인 것

화속(말하는 속도)을 늦춘다./ 강세와 휴지를 더 많이 사용한다./ 발음을 더 조심스럽게 한다./ 고저의 폭을 넓히고 억양을 과장시킨다./ 축약형을 피하고 완전형을 더 많이 사용한다.

2) 어형 및 통사적인 것

더듬거림을 피하고 정형문을 더 많이 사용한다./ 짧은 문장을 많이 사용한다./ 복문을 덜 사용한다./ 규칙적이고 기본적인 문형을 더 많이 사용한다./ 비기본적인 요소의 사용을 더 많이 억제한다./ 문법 관계를 더욱 명시적으로 표시한다./ 동사의 현재형을 더 많이 사용하고 그 외의 시제형은 덜 사용한다./ 의문문을 더 많이 사용한다./ 의문사 의문문을 덜 쓰는 대신에 가부와 억양형의 의문문을 더 많이 쓴다.

3) 의미적인 것

의미 관계를 더욱 명시적으로 표시한다./ 원형 대 실례 간의 비율이 낮아진다./ 관용적 표현을 덜 쓴다./ 명사와 동사의 사용 빈도가 많아진다./ be동사의 사용 비율이 높아진다./ 어휘 항목의 표지를 더 분명하게 한다./ 불명료한 어휘들을 덜 쓴다(대명사보다 명사를 더 쓰고 대동사보다 구체동사를 더 쓴다.).

우윤식(2004)에서 문법성에 관하여 아래와 같이 다른 의견이 제시되었다.

문법성이란 전통 문법의 적격성이 아니라 모국어 화자들이 말하고 쓰는 대로 말하고 쓴다는 기술적인 입장에서의 적격성을 말한다는 사실에 유념할 필요가 있다. 다음 (1)의 예문을 가지고 살펴보자.

(1) A: Who is it?

B: It' s me.

(1)에서 A의 물음에 영어를 모국어로 하는 화자들은 "It' s I." 라고 말하지 않고 한결같이 "It' s me." 라고 대답한다. 그러나 전통 문법에 의하면 (1)에서 B의 대답은 옳은 표현이 아니다. 왜냐하면 전통 문법은 모국어 화자들이 말하고 쓰는 대로 기술하는 것이 아니라, 문법은 모름지기 모국어 화자에게 올바르게 해당 언어를 사용하도록 규범을 제시해야 한다는 입장을 고수하여 주어와 주격보어 사이에 '주어=주격보어' 라는 등식 관계가 성립하므로 "It's I." 라고 말해야 한다는 규범성을 중시하기 때문이다. 이러한 의미에서 전통

문법은 규범 문법이라고 말할 수 있다. 그러므로 우리가 말하는 문법성은 규범적인 관점에서가 아니라 모국어 화자들이 말하고 쓰는 대로 기술하는 기술적인 관점에서의 문법성을 말한다.

문체론 [文體論, stylistics]

문체에 관한 연구, 즉 어법, 어휘, 억양과 같은 언어 표현의 개성적인 특성을 특정의 개인, 민족, 시대, 유파, 장르 따위의 차원에서 연구하는 학문.

문체란 필자의 사상이나 개성이 글의 어구 등에 표현된 전체적인 특색 또는 글의 체제이다.

문체의 분류에는 일정한 통일적인 기준이 없으며, 각기 관점에 따라 문체의 종류가 설정된다. 중요한 정도에 따라 다음과 같은 순서로 구분할 수 있다.

(1) "글은 곧 사람이다"라는 유명한 말에서 정의되는 유형의 문체, 즉 언어 사용자 성격의 발로(發露)로서 문장이 가지는 개성이다. 문체론에 의하여 취급되는 문체는 주로 이러한 의미의 문체이다. 개인을 초월하여 어떤 언어에나 있을 수 있는 시대적인 문체라든지 또는 다른 언어에 대하여 어떤 특정 언어의 문체를 논의의 대상으로 삼는 경우가 있는데, 이러한 경우는 시대 · 국민 또는 민족의 성격 · 시대정신 · 국민정신 · 민족심리의 발로로서 문장이 가지는 개성이다.

(2) 수사학(修辭學)상으로는 ① 길이에 따라 간결체 · 만연체, ② 글의 느낌〔剛柔〕에 따라 강건체 · 우유체(優柔體), ③ 수식의 유무에 따라 화려체 · 건조체(乾燥體) 등으로 분류된다.

(3) 특수 용도 · 사용 집단에 따라 서간문체 · 신문문체 · 법률문체 · 속어체(俗語體) · 아문체(雅文體) 등으로 구분된다.

(4) 문예 양식에 따라 산문체 · 운문체 등으로 분류된다.

(5) 문법 · 어휘의 특징상으로 보아 구어체 · 문어체 · 한문체 · 국한문혼용

체 등으로 나눌 수 있다.

문장의 모든 요소가 표현성이라는 면에서 효과적이라고 할 수는 없다. 그러나 어떤 문장에 특히 효과적인 어구(語句)나 표현이 있을 수는 있다. 이러한 요소를 문체소(文體素, stilisticum)라고 한다.

문체란 요컨대 문체소의 유기적 결합에 불과하다. 그렇다면 문체론의 과제는 문장 작품 가운데서 문체소를 찾아내고 그 문체소들이 왜 효과를 발휘하는지 구명하는 한편, 그 문장의 작가는 왜 그러한 문체소를 택하게 되었는가를 해명하는 것이 되어야 한다.

방언 [方言, dialect]

한 언어가 분지적(分枝的)으로 발달하여 몇몇 개의 지역적으로 다른 언어 체계로 분화되었을 때 그 체계 전체를 가리키는 말.

방언이라는 용어의 다른 한 용법은 표준어와 대립되는 개념으로서의 다시 말하면 비표준어라는 개념으로서의 용법이다.

보통 사투리라고 불리나 이 단어는 다소 규범적인 면에서 보아 비하된 개념이므로 언어학 용어로 쓰이지 않는 것이 보통이다. 이에 비하여 언어학적인 방언이란 한 언어가 분지적으로 발달하여 몇몇 개의 지역적으로 다른 언어 체계로 분화되었을 때 그 체계 전체를 가리키는 말이다. 언어 하위 개념으로서의 방언은 언어학 내지 방언학에서 '방언' 이라고 할 때는 표준어보다 못하다든가 세련되지 못하고 규칙이 엄격하지 않다든가와 같은, 어떤 나쁜 평가를 동반한 의미를 가지지 않는다.

언어와 방언은 본질적으로 구별이 없다. 그러나 방언을 언어와 대립된 개념으로 쓰려면, 각각의 방언 사용자들이 공통된 언어를 사용하고 있다는 의식을 가지고 있을 때, 그때의 언어를 방언이라고 한정시키는 수도 있으나 객관적인 정의는 되지 못한다.

방언이 생기는 까닭은 우선 지역적으로 격리되어 있기 때문이다. 극단적으로 말하자면 한 사람의 화자(話者)와 한 사람의 청자(聽者) 간에도 지역적인 차이가 있다. 지역의 차이가 적을수록 방언의 차이가 적으나 이 지역의 차이라는 것이 반드시 지리적인 것만을 의미하는 것은 아니며, 정치적 · 문화적인 면도 고려된다. 따라서 지역이 갈라지는 것은 언어 사용자의 이동 등을 통하여 산 · 강 등의 자연 장애, 도로 · 해로(海路)가 없어지거나 정치적 · 행정적 구역, 통학 구역 · 시장권 · 혼인권, 종파적 구획, 지역 사회의 폐쇄성 또는 고립성 등 여러 가지 원인이 있을 수 있다.[12)]

방언의 분화는 크게 두 가지 원인에 의해 발생하는 것으로 인식되고 있다. 그 하나는 지역이 다름으로써 방언이 발생하는 경우이며 다른 하나는 사회적인 요인들 가령 사회 계층, 성별, 세대차 등에 의해 방언이 갈리는 경우다. 즉 지역의 다름에 의해 형성된 방언을 지역 방언(regional dialect)이라 한다. 한 지역의 언어가 다시 분화를 일으키는 것은 대개 사회 계층의 다름, 세대의 차이, 또는 성별의 차이 등의 사회적 요인에 기인한다. 이처럼 지리적인 거리에 의해서가 아니라 사회적인 요인에 의하여 형성되는 방언을 사회 방언(social dialect)이라 한다.

오구라 신페이는 한국어의 방언을 경상도방언, 전라도방언, 함경도방언, 평안도방언, 경기도방언, 제주도방언의 여섯 대방언권으로 나누었다. 강원도, 황해도, 충청남북도는 경기도방언권에 소속되었으나 나머지는 대체로 행정구역과 일치한다.[13)]

번역 [飜譯, translation]

어떤 언어로 쓰인 글을 다른 언어로 된 상응하는 의미의 글로 전달하는 일.

기호학적인 현상으로서 원천 텍스트의 텍스트적인 요소를 옮기는 것으로, 의도하는 목표 텍스트의 목적과 기능에 따라 등가의 정도가 상이한 목표 텍스트의 생산이다.

번역은 한자어로서 '옮기다', '통역하다', '뜻을 풀다' 로 이해할 수 있다. 사전에 수록된 사전적 의미로는 "어떤 언어로 된 글을 다른 언어의 글로 옮김" 이나 "어떤 나라의 말이나 글을 다른 나라의 말이나 글로 바꾸어 옮기는 것" 이다. 'translation' 은 '한 장소에서 다른 장소로 무언가를 옮기다' 라는 의미의 라틴어 동사 'transferre' 의 과거 분사 'translatus' 에서 유래하였다. 사전적 의미로는 "다른 언어에서 옮긴 글이나 말" 또는 "다른 언어로 바꾼 말이나 글" 이다. 번역은 크게 언어 간에 이루어지는 현상으로 보는 견해와 기호 간에 이루어지는 현상으로 보는 견해로 나뉠 수 있다.

많은 학자들은 번역의 정의에 대해 여러 가지 견해를 주장한다. Jakobson에 의해 진정한 의미에서의 번역은 언어 간에서 이루어지는 메시지의 '대체' 라고 했다. Catford는 "어떤 언어로 쓰인 텍스트 요소를 등가의 다른 언어로 교체(replacement)하는 것" 이라 하였다. Taber는 "의미상으로 문체상으로 원천 언어의 메시지를 가장 가깝고 자연스러운 등가의 수용자 언어로 재생산하는 것" 이다, 또는 Delisle은 "기호의 재현이 아니라 개념이나 의미의 재현" 으로 정의한다. Vermeer는 "다른 언어로 쓰인 원천 텍스트에 관한 정보" 라 하였다. 그리고 목표 텍스트의 생산이라고 주장하는 학자도 있었다.

아무튼 번역이란 '한 쪽에서 다른 한 쪽으로 무언가를 옮긴다' 는 점은 모든 번역의 정의에서 공통된 것이다. 번역은 단어뿐만 아니라 언어에 담겨 있는 의미, 메시지, 정보를 전달하는 역할을 담당한다.

언어학의 번역은 어떤 언어로 쓰인 글을 다른 언어로 된 상응하는 의미의 글로 전달하는 일이다. 이때 전자의 언어를 원어 또는 출발어(source language)라 하고, 후자의 언어를 번역어 또는 도착어(target language)라고 한다.

번역은 크게 직역과 의역 두 가지로 나뉜다. 원어 문장의 독특한 구조와 표현을 살려 주려는 태도로 옮기는 것이 직역으로, 번역문으로서는 어색하더라도 원문에 충실하게 하는 것이다. 반대로 도착어에 어울리는 자연스러운 문장을 만들려는 태도로 옮기는 것을 의역이라 한다. 의역이나 직역 중 하나가 옳고 그르다고는 할 수 없지만, 글의 종류나 독자층에 따라 의역이 어울릴 때가 있고 직역이 어울릴 때가 있다. 정확한 번역을 위해서는 원전을 이해하기 위한 문화적인 배경 지식과 옮겨오는 언어의 정확하고 문학적인 문장력이 필요하다.

변별적 자질 [辨別的資質, distinctive feature]

언어학에서 음운학 구조를 분석하는 가장 기본이 되는 단위.

음운론의 주된 부류인 구조주의 음운론에서는 음운 분석의 최소 단위를 음소라고 주장하였으나, 생성 음운론의 대두 이후로 음소는 개체의 실체가 아니라 오히려 자질들의 집합체로 파악되었다. 즉, 생성 음운론에서는 음운 분석의 최소 단위를 변별적 자질이라고 주장하였다. 종래 구조주의 언어학의 음운론과 생성 음운론의 가장 큰 차이는 전자가 음소를 더 이상 나눌 수 없는 음운 분석의 최소 단위로 삼은 데 비해, 후자는 음소를 변별적 자질의 집합체로 보고 이 변별적 자질을 분석의 최소 단위로 삼았다는 점이다. 또한 변별적 자질은 음소 간을 구별하는 음성적인 특징을 가리키는 개념인데, Singh(1976)은 "변별적 자질을 각 음소들의 조음적 특징 즉, 조음 위치와 조음 방법으로 기술하고 구분한다"고 하였다.

Schane(1976)은 변별적 자질의 기능을 "조직적 혹은 체계적 음성학, 즉 음성의 기능을 기술할 수 있고, 더 추상적인 수준에서 어휘 항목 구분, 다시 말해 음운 기능을 구분할 수 있으며, 마지막으로 유사한 음운 과정을 밟는 분절소, 즉 자연 부류를 규정할 수 있다"는 것으로 보았다. 변별적 자질을 음운 기술의 최소 단위로 주장하게 되면서부터 자연 언어의 음운 현상을 종래의 구조주의 음운론보다 훨씬 더 자연스럽고 간결하게 설명할 수 있게 되었다.

변별적 자질의 이론적 배경에는 다음의 학자들을 거론할 수 있다.

Bloomfield(1933)는 의미와 연관되어 의사 전달에 필수적인 기능을 갖는 것을 변별적이라고 보고, 소리에 있어 의미와 연관된 음향적 특징을 변별적 자질이라고 하였다.

Trubetzkoy(1939)는 음소를 "보다 작은 연속적 변별적 단위"로 분해되지 않는 최소의 음운적 단위라고 정의하고, 음소를 최소의 언어학적 단위로 보는 동시에 언어에서 사용되는 변별적 대립으로서 음성적 대립을 분류하고자 하였다. 또한 조음 위치 및 조음 방법으로 변별적 대립을 규정하고, 최초로 음성적 자질을 음소 분석에 사용하였다.

Jakobson(1952)은 음소를 "변별적 자질의 묶음"으로 정의하고, 변별적 자질을 최소의 언어학적 단위라고 했다. 그는 변별적 자질의 수를 가능한 한 제한하였으며, 음운론적 대립을 포착하기 위해 변별적 자질 이론을 체계화하였다. Chomsky & Halle(1968)는 Jakobson의 자질 이론에 많은 수정을 가하여 많은 자질들을 새로 제시하였다. 음을 분석함에 있어서 음향 음성학적인 고려는 배제하고 조음 음성학적인 면만을 고려해 많은 자질을 첨가하였고, 두 음운 사이의 음운론적 대립뿐만 아니라 음성적인 면도 나타내려고 하였다. 변별적 자질을 기저 형태에서 표층 구조의 음성 형태로 도출해 내는 음운 규칙을 통해 음성적 내용을 기술하는 데에 사용하고 있는 바, 이는 오늘날의 변형 생성 문법의 음운론에서 볼 수 있다.

변별적 자질 이론은 프라그 학파의 '관련된 음성적 속성'이라는 개념에서 출발하여 표준 생성 음운론을 거쳐, 최근 이를 모태로 한 미명세 이론과 자질 기하에 이르기까지 부분적인 수정과 발전을 거듭하며 생성 음운론의 중요한 이론적 토대를 형성하고 있다.

분절성 [分節性, articulation]

연속적으로 이루어져 있는 세계를 불연속적인 것으로 끊어서 표현하는 특성.

언어의 분절성은 일명 불연속성이라고도 한다.

(1) 언어는 문장, 단어, 형태소, 음운으로 쪼개어 나눌 수 있다. 특히 한정된 음운을 결합하여서 수많은 형태소, 단어를 만들고 무한한 문장을 만들 수

있다.

(2) 언어는 외부 세계를 있는 그대로 반영하지 않고, 연속적으로 이루어져 있는 현실 세계를 분연속적인 것으로 끊어서, 즉 분절해서 표현한다.[14)]

우리는 언어를 사용하여 상상이나 추상의 세상같이 실제로는 존재하지 않는 세계에 대해서까지 사고할 수는 있지만, 사실상 언어는 가장 간단한 것조차도 그것이 가리키는 외부 세계를 있는 그대로 반영하는 것이 아니다. 언어는 연속적으로 이루어져 있는 세계를 불연속적인 것으로 끊어서 표현한다. 언어의 이러한 특성을 분절성이라고 한다.[15)]

예를 들면, 무지개의 색깔은 현실 세계에서 빨강이 보라에 가까워지는 연속의 세계로 색깔 사이의 경계를 찾을 수 없다. 그러나 언어 세계에서는 "빨강, 주황, 노랑, 초록, 파랑, 남색, 보라" 등으로 경계를 지어서 부른다. 한 가지 예를 더 들자면, 매년 송구영신이라 하면서 묵은해가 가고 새해가 온다고 생각하지만, 사실 12월 31일과 다음 해 1월 1일 사이의 시간의 흐름에 어떤 분명한 경계가 있는 것은 아니다.

비판적 담화 분석 [批判的談話分析, critical discourse analysis]

비판 언어학에서 출발한 다양한 담화 분석 방법의 하나로, 사회에 민감한 연구 태도를 몸에 익혀 언어와 사회와의 상호 관계를 탐구하는 자세.

담화는 문장 이상의 언어로, 언어 그 자체이다. 왜냐하면 어떠한 형태로 어떠한 맥락에서도 가능하기 때문이다. 따라서 학문 분야로서 담화 분석이란 언어의 연구로 언어학이란 명칭 그 자체로 간주된다. 담화 분석을 Stubbs는 세 가지, 즉 (1) 문장이나 절 경계 이상의 언어 사용을 다루는 것 (2) 언어와 사회의 상호 관련성을 연구하는 것 (3) 일상적 의사소통에서의 상호작용적 혹은 대화체적 특성을 다루는 것으로 정의한다.

먼저 언어 이론을 말할 때 자주 화제로 등장하는 능동태와 수동태에 대하여 분석하면 비판적 언어학의 입장에서 수동태의 효과를 볼 수 있다. 수동태가 되면 사건의 인과 관계가 확실하지 않고, 행동의 동작주도 분별할 수 없으며 더구나 그것은 행동이라고 하기보다 상태로서 파악되기도 한다. 그렇기 때문에 어떤 정보를 확인하거나 기정 사실로 하거나 하는 데 유용한 것이라고 생각할 수 있다. 여기서 Hodge and Kress의 Language as Ideology에서 걸프 전쟁의 종결을 보고한 1991년 3월 4일자의 Sydney Morning Herald의 기사(제목은 The fleeing army that died of shame)를 예로 들어 보자. 그 기사에서는 미군의 행동은 자랑스러운 '승리' 로 이어진다고 전하려고 하기 때문에 능동태로 표현한다. 한편, 미군이 이라크 측에 사상자를 낸 행동에 대해서는 수동태가 사용되어 그 동작주가 문면에 나오지 않는다. 이 태의 변환이라고 하는 문법상의 조작은 이러한 다른 시점, 정치적 이데올로기를 반영하고 그 입장을 암묵적으로 정당화시키고 강화하는 데 이용되고 있는 것이다.

또한 명사 표현에 관해서도 같은 현상이 보일 수 있다. 예를 들면, 영국의 신문 Guardian에서 걸프전 때에 우리(연합군)에 대한 그들(이라크)이라고 하는 대립 관계를 표현한 기사 내용을 살펴보자면 같은 미사일이라도 자신들의 미사일은 사상자를 내도 '이차적인 부속적인 피해를 끼칠' 뿐이지만, 적의 미사일은 '일반 시민에게 사상자를 초래한다' 고 하는 것들을 볼 수 있다. 이와 같이 비판적 담화 분석은 언어 사실을 그대로 전하는 것은 아니고, 적당한 '현실' 을 미디어 등의 권위를 빌려 만들어 가는 그 조작 자체에 초점을 맞춰서 연구하는 태도이다.

비판적 담화 분석의 주된 업적은 다음과 같다.

1) 비판적 담화 분석은 언어 이론 추구를 위한 것이 아니라 정치적, 사회적 문제, 특히 인종 편견, 여성 멸시, 식민지주의 등 인간 사회의 불평등, 불공평을 언어의 분석을 통하여 들추어내는 것을 목적으로 한다.
2) 비판적 담화 분석은 언어학의 어떤 학파라든지 특정한 학문 영역에 대하여 말하는 것이 아니라, 문장체, 회화체의 연구에 대한 접근 방법, 연

구 태도를 가리켜 말한다.

3) 비판적 담화 분석은 각종의 학문 영역을 넘어서 많은 분야와 밀접한 관계를 유지하면서 담화와 사회와의 관계에 초점을 맞춘다.

4) 역사적으로 보면 비판적 담화 분석은 다른 인문과학, 사회과학의 critical studies 운동의 일부로서 파악할 수 있다.

5) 비판적 담화 분석에서는 언어의 모든 층, 모든 측면에 걸쳐서 연구한다(음성, 음운, 형태소, 어구, 문의 레벨을 포함하고 더 나아가 의미론, 어용론, 수사법 등을 포함한다.).

6) 언어 표현뿐만 아니라 회화, 영화, 음악 등도 비판적 담화 분석의 대상이 된다.

7) 권위 있는 집단이 힘이 약한 집단에 어떻게 언어 및 다른 커뮤니케이션을 통하여 부당한 압력을 가하거나 편견을 거듭하거나 폭력 행동에 치우치거나 하는가를 분석 과제로 한다.

8) 특히 사회의 엘리트라고 하는 집단이 어떻게 다른 사람들을 커뮤니케이션의 수단을 통하여 컨트롤하고 있는가, 그것은 어떤 이데올로기에 바탕을 두고 있는가를 생각하는 것을 목적으로 한다.

사회 언어학 [社會言語學, sociolinguistics]

언어를 사회적 요인과 관련지어 연구하는 언어학.

사회 · 문화적인 맥락 속에서 이루어지는 화자들의 구체적인 언어 사용을 조사 · 분석함으로써 언어 변이와 사회적 요인과의 관계를 체계적으로 살피는 것을 목적으로 한다.

사회 언어학이 독자적인 학문으로 등장한 것은 1960년대에 들어서인데, Chomsky를 중심으로 한 변형 생성 문법가들의 추상적인 언어 연구와는 대립적 입장에서 출발하였다.

사회 언어학자들은 생성 문법가들이 '자유 변이(free variation)' 라고 하며 언어학의 연구 대상에서 제외했던 것을 중심적 연구 대상으로 삼았다. 변이형에 대한 화자들의 선택적 사용은 화자의 자의에 따른 것이 아니라, 대화 참여자나 대화 상황 등의 여러 사회적 요인을 체계적으로 반영하는 것으로 보았기 때문이다.

사회 언어학은 접근하는 방식에 따라 세 가지 하위 분야로 나눌 수 있다.

첫째는 언어학적 입장에서의 연구이다. 여기서는 질문지나 설문지를 사용하여 다수의 제보자로부터 언어 자료를 수집하고, 이를 주로 통계적 방법을 사용하여 언어 변화나 언어 변이형의 사회적 분포 등을 분석하는 것을 주요 과제로 삼는다.

둘째는 인류학적 접근인데, 이를 '말하기의 민족지학(ethnography of speaking)' 이라 부르기도 한다. 이 분야에서는 연구자가 제보자들의 언어 행위에 직접 참여하거나 이를 관찰하여 대화 사례를 수집 분석한다. 여기서 연구자들은 언어 사용이 갖는 사회적 기능들을 찾아 내어 새로운 언어 이론의 수립을 꾀하기도 한다.

셋째는 사회학적인 입장에서의 연구이다. 이것은 '언어 사회학(sociology of language)' 이라 부르는 것으로, 화자들의 언어 사용이나 언어 태도를 거시적 관점에서 다룬다. 그 결과는 국가의 언어 정책에 반영되기도 한다.

한국에서는 1970년대에 들어 사회 언어학의 이론이 소개되었다. 주로 국어 경어법을 중심으로 연구가 이루어졌는데, 이를 통해 형태 · 동사 중심의 경어법 연구에서 벗어나 대화 참여자 사이의 사회적 관계의 측면에서 경어법을 다룰 수 있게 되었다. 최근에는 경어법뿐만 아니라 음운론적 변이 등 다양한 언어 현상이나 언어 사용을 다룬 연구가 나오고 있다.

생성 문법 [生成文法, generative grammar]

합리론[16]에 입각하여 인간이 태어날 때부터 선천적으로 주어진 언어 능력에 대하여 설명하는 데 목적이 있는 문법.

'변형 문법' 이라고도 일컫는다. 생성 문법은 1957년 미국의 언어학자인 Chomsky가 『통사 구조(Syntactic Structures)』라는 저서를 발간한 이후 오늘날까지 활발히 연구되고 있는 문법이다.

언어 능력은 이상적인 화자와 청자의 언어 지식을 뜻한다. 이것은 유한한 규칙으로 무한정한 수의 문장을 생성하여 낼 수 있고 문법적인 문장과 비문법적인 문장을 구별하며 전에 경험한 바가 없는 문법적인 문장을 만들어 내는 능력이다.

모국어를 말하는 사람은 지금까지 듣지도 보지도 못한 문장을 만들어 낼 수 있으며, 듣는 사람도 그와 같은 문장을 이해할 수 있다. 이것이 바로 말하는 사람이 문장을 만들어 내는 유한한 규칙을 체득함으로써 그것에 의해 무한한 문장을 만들어 낼 수 있기 때문이라고 생각할 수 있다.

생성 문법은 언어학에서 증명 이론의 접근법을 통사론 연구에 적용한 것으로 Chomsky에 의해 시작되었으며 형식 문법 이론의 영향을 받았다. 생성 문법은 자연어의 이미 만들어진 표현들을 계속적으로 "만들어 내는"(specify or generate) 일종의 규칙들의 집합으로 본 것이다. 이는 문법에 대한 여러 접근 방법들을 망라한다.

인간의 언어 능력은, 화자가 전에 한 번도 들어 보지 못한 문장을 포함하여 무한히 많은 수의 문장을 생성, 이해할 수 있는 것이라는 점을 강조하여, 실제 회화에서 사용된 언어만을 대상으로 하는 것이 아니고 있을 수 있는 문장도 연구 대상으로 한다. 그리하여 문법적으로 옳은 모든 문장, 그리고 바로 그것만을 생성해 낼 수 있는 언어 규칙을 명시적으로, 또 엄밀히 수학적으로 형식화하는 것을 목표로 삼고 있다.

이렇게 형식화된 언어 규칙은 인간이 태어나면서 선천적으로 가지고 있는 언어 능력, 또는 언어 습득 기제(言語習得機制)를 반영하는 것이라고 본다.

성 [性, gender]

명사 · 형용사 · 대명사 등의 어형 변화를 통하여 남성 · 여성 · 중성 등의 개념을 나타내는 문법 범주(文法範疇).

한국어에는 문법 범주로서의 성은 없다.

형용사와 명사, 대명사와 명사 등으로 이루어지는 통사적인 관계에서 명확하게 나타난다. 이를테면, 라틴어의 경우 '큰 집' 은 남성형인 magnus domus라고 하고, '큰 섬' 은 여성형인 magna insula, 그리고 '큰 거리' 는 중성형인 magnum oppidum와 같이 각각의 명사가 가지고 있는 성에 따라 달리 표현되는 체계를 가지고 있음을 알 수 있다.

인도 유럽 어족이나 셈 어족 등의 굴절어에서 흔히 볼 수 있으며, 그리스어 · 라틴어 · 러시아 · 독일어 등에서는 남성 · 여성 · 중성의 3성, 프랑스어 · 스페인어와 아랍어 등에서는 남성과 여성의 2성으로 구별된다.

일반적으로는 명사 · 형용사의 변화에서 나타나지만, 아랍어와 러시아어 등에서는 동사의 어형 변화에도 성에 따른 다른 표현 체계를 취하기도 한다. 이를테면 아랍어의 '쓰다(write)' 가 kataba(3인칭 · 단수 · 남성형)와 katabat(여성형)로 달리 표현되는 것이나, 러시아어의 '알다(know)' 가 znal(3인칭 · 단수 · 남성형)과 znala(여성형) 그리고 znalo(중성형) 등으로 표현되는 경우가 이에 해당한다.

이러한 문법 범주로서의 성(性)이 남성 · 여성이라는 개념상의 구별과 언제나 일치하는 것은 아니다. 현대 독일어의 '소녀' 가 중성형인 Mädchen으로 표현되거나 고대 영어에서의 '여자' 를 뜻하는 wifmann이 남성형으로 나타나는 것처럼 개념상의 성과 문법적인 성이 반드시 일치하지는 않는다. 나아가 성이 없는 무성(無性)의 사물도 라틴어의 '집, 섬, 거리' 를 뜻하는 domus(남성형), insula(여성형), oppidum(중성형)의 경우와 같이 어휘에 따라 남성 · 여성 · 중성의 범주로 분류되기도 한다.

수 [數, number]

명사 · 대명사 · 형용사 · 동사 등의 어형 변화를 통하여 수의 개념을 나타내는 문법 범주.

서양 문법에서 볼 수 있는 문법 범주로, 한국어에는 문법 범주로서의 수는 없다. 이를테면 주어와 술어, 수식어와 피수식어가 결합할 때에 수를 나타내는 어형 변화가, 통합되는 두 요소 사이에서 일정한 규칙으로 호응하는 문법적인 장치를 가지는 경우를 가리킨다. 일반적으로 단수(singular)와 복수(plural)로 구별되는데, 영어 · 독일어 · 프랑스어 · 러시아어 등 많은 언어가 이러한 문법 범주를 가지고 있다.

수사 [數詞, numeral]

사람과 사물의 수효 혹은 차례를 가리키는 단어들.

수사는 선행 관형어와의 직접 구성에서 명사보다 제약을 더 받는다. 또한 수사는 명사 앞에 놓이기도 하고 뒤에 놓이기도 한다.

의미에 따라 양수사와 서수사로 나뉜다. 양수사는 사람의 수효나 사물의 수량을 가리키는 수사로, 기본 수사라고도 일컫는다. 양수사에는 고유어 계통의 수사와 한자어 계통의 수사가 있다. 서수사는 사람이나 사물의 차례를 나타내는 수사이다. 서수사에도 양수사와 같이 고유어 계통의 서수사와 한자어 계통의 서수사가 있다.

한국어 수사에는 고유어 계통의 수사와 한자어 계통의 수사가 있기 때문에 그 용법이 다양하다. 이것은 다음의 (1)과 같이 세 유형으로 나누어 볼 수 있다.

(1) ㄱ. 고유어 계통의 수사만을 사용하는 경우
ㄴ. 고유어 계통의 수사와 한자어 계통의 수사를 섞어 쓰는 경우

ㄷ. 한자어 계통의 수사만을 사용하는 경우

이상의 (1. ㄱ)에 해당하는 것은 '양복 두 벌, 신발 다섯 켤레, 소 한 마리' 등과 같이 고유어인 분류사와 직접 구성을 이루는 경우이다. 그러나 물건의 수효가 백 이상일 경우에는 분류사가 고유어라고 하더라도 '양복 백 두 벌, 신발 백 열 켤레, 소 백 아홉 마리' 등과 같이 한자어계 수사와 고유어계 수사를 함께 섞어 쓴다.

분류사가 한자어라 하더라도 '사과 두 개, 맥주 석 잔, 잉크 한 병, 쇠고기 다섯 근, 책 두 권, 명주 한 필' 등과 같이 고유어계 수사를 사용하여 말하기도 한다.

(1. ㄴ)에 해당하는 것은 '척, 명, 평' 등이다. 이것은 '배 한 척, 배 일 척; 외국인 한 명, 외국인 일 명; 땅 여섯 평, 땅 육 평' 등과 같이 고유어계 수사나 한자어계 수사와 공기한다.

(1. ㄷ)에 속하는 것은 화폐 단위를 나타내는 '원, 엔, 달러, 마르크, 파운드, 프랑, 리라, 리얄' 등과 같은 분류사이다. 이러한 분류사와 공기할 적에는 한자어계 수사만을 사용한다. 그런데 '시, 시간'은 '두 시, 한 시간' 등과 같이 고유어계 수사와 공기한다.

시니피앙 [signifiant, signifier]

Saussure의 기호 이론에서 기호의 겉모습, 즉 음성으로 표현된 모습을 이르는 말.

시니피앙의 용어를 정의하자면 시니피에와의 관계도 같이 설명하고 비교해야 더 정확히 이해할 수 있다. 시니피앙이란 명사로써 귀로 들을 수 있는 소리로써 의미를 전달한 외적 형식을 이르는 말이다. 말이 소리와 그 소리로 표시되는 의미로 성립된다고 할 때, 소리를 이른다. 목소리에는 각각의 단어 이전에 음절, 음절의 부분으로서 음소가 있다. 음소들 사이의 차이에 의해

시니피앙(기표/청각이미지) & 시니피에(기의/개념) 관계

1. 시니피앙(기표)	2. 시니피에(기의)
3. 기호(의미: sense) I. 시니피앙(형식: form)	II. 시니피에(개념: concept)
III. 기호(의미작용: signification)	

시니피앙이 설정된다. 시니피앙은 시니피에에 대응하여 어떤 것을 의미하기도 하나, 시니피앙이 항상 같은 시니피에를 지니는 것은 아니다. 즉, 말하는 경우에 따라 시니피앙은 시니피에를 지니기보다 언어의 체계 내에서 임의적 역할을 한다. 예를 들어, 아들이 아버지에게, 연인에게, 신에게 하는 맹세는 같은 시니피앙이지만, 시니피에는 다르다.

시니피앙(signifiant)과 시니피에(signifié)의 관계를 보면 '의미하다' 라는 뜻의 불어 동사 signifier에서 파생된 것으로 시니피앙은 '의미하는 것' , 시니피에는 '의미된 것' 이라는 뜻이 된다. 이 보통 명사가 Saussure의 구조 언어학에서 기표(記表), 기의(記意)라는 혁명적인 개념으로 변했다.

우리가 말하는 모든 단어들이 기표(시니피앙)이고, 그 단어들의 의미가 기의(시니피에)이다. 예를 들어 '책' 이라는 시각적, 청각적 이미지는 기표이고, 그것이 의미하는 '책' 이라는 개념은 기의이다. 시각적, 청각적 이미지라는 말이 어려우면 우리가 '책' 이라고 썼을 때의 글자, 그리고 우리가 '책' 이라고 발음할 때의 음성적인 물질성이 바로 시각적, 청각적 이미지이다. 이 '책' 이라는 기표가 의미하는 내용은 '글자가 인쇄된 종이들의 묶음' 이라는 개념이다. 이 개념이 바로 기의이다. 그러니까 우리가 말하는 모든 단어들이 기표와 기의라는 얇은 두 가지의 층으로 나뉘어 있는 것이다.

시니피에 [signifié, signified]

Saussure의 기호 이론에서 말에 있어서 소리로 표시되는 의미를 이르는 말.

기의(記意), 소기(所記)라고도 한다. 스위스의 유명한 언어학자인 Saussure는 기호를 통해 언어를 연구하는 방법을 고안하였다.

현대의 기호 이론은 유럽 대륙에서는 Saussure로부터 그리고 북미에서는 Firth로부터 시작되었다고 할 수 있다. Saussure는 기호에 대한 정의에서 사물을 제외한 이분법-시니피앙(significant, 기표 記表) 즉 기호의 표현면과 시니피에(signifié, 기의 記意) 즉 기호의 내용면을 취하였다.

Saussure는 언어를 기호(sign)로 파악하였다. 기호와 그 의미 사이에는 어떠한 관계도 존재하지 않는다는 것이다. Saussure의 언어학도 이런 관점에서 접근한다. 시니피앙(signifiant; signifier)이 일반적으로 기표(記表)로 번역되어 기호의 겉모습 즉 음성(音聲)으로 표현된 모습을 의미하는 반면에, 시니피에(signifié, signified)는 기의(記意)로 번역되어 기호 안에 담긴 의미를 가리킨다. 즉 '나무' 라는 단어의 생김새와 [나무 namu]라는 발음은 시니피앙이고 '나무' 라는 구체적인 대상은 시니피에라 할 수 있다.

심리 언어학 [心理言語學, psycholinguistics]

인간 언어에 포함되어 있는 심리적인 제 과정을 연구하는 분야.

언어란 무엇일까? 일차적으로 보면 언어는 언어학자나 다른 학자들의 연구나 기술을 도와주는 상징 체계이다. 또 다른 관점에서 보면 언어는 사회 공동체의 구성원들 사이에서 생각을 전달하는 소통 수단이다. 언어는 인간 정신의 산물이기 때문에 심리학적인 문제이며 심리학은 정신에 대한 학문이다. 언어에 대한 심리학적 연구에는 여러 분야가 있으며 이는 언어 자체의 복잡성을 반영하고 있다.

인간 언어에 포함되어 있는 심리적인 제 과정을 연구하는 분야를 심리 언어학이라고 말하며, 심리 언어학자(Psycholinguists)는 언어를 이해하고 생산하고 기억하는 등의 문제를 연구한다.

언어를 듣고, 말하고, 읽고, 쓰고, 그리고 암기하는 데 관심을 가지고 있을 뿐만 아니라 어떻게 언어를 습득하고, 다른 심리적인 체계와 언어가 어떻게 서로 상호작용을 하는가 하는 방법에 관심을 가지고 있는 것이다.

한국에서의 심리 언어학 연구는 먼저 심리학을 전공하는 학자들에 의하여 처음으로 시도되었다고 할 수 있다. 다시 말하면, 심리학적인 측면에서 학습 이론과 언어 습득 이론 그리고 문법적 구성소의 심리적 현실성을 실험을 통하여 증명하려고 하였다. 실제로 Psycholinguistics란 어휘가 심리학을 전공하는 쪽에서는 '언어 심리학' 으로, 언어학을 전공하는 쪽에서는 '심리 언어학' 으로 번역되고 있음을 알 수 있다.

어족 [語族, language family]

하나의 공통된 조어(祖語)에서 갈라나왔다고 추정되는 여러 언어들을 통틀어 일컫는 말.

어족의 개념은 한 언어의 역사적이고 계통적인 조상이 있다는 개념을 포함하고 있으며, 한 언어에서 다른 언어로 오랜 시간에 걸쳐 점진적인 변화가 일어남을 함축하고 있다. 이러한 개념은 언어가 급격하게 변화했거나 교체되었다는 견해를 부정하는 것이다. 그러나 이러한 언어학적인 조상의 개념은 생물학적인 조상의 개념보다 불분명한데, 혼성어와 같은 몇몇 극단적인 역사적 언어 접촉이 있기 때문이다. 특히 다른 어족의 언어 사이에서 혼성어의 경우 여러 어족의 특징이 동시에 나타나는 경우가 많아 어느 어족에 속하는지 불분명하거나 잘못 추측할 수 있는 가능성이 있다. 그러나 이런 혼성어와 같은 경우는 실제로는 상대적으로 상당히 드물며, 대부분의 언어의 경우에는 그다지 불분명하지 않게 개개의 어족들에 분류해 넣을 수 있다.

어족에 속한 언어들의 공통 조상은 공통 조어라고 한다. 이러한 조어들 중에서 대표적인 예가 가장 잘 알려진 어족 가운데 하나인 인도 유럽 어족의 조어인 인도 유럽 조어이다. 인도 유럽 조어는 문자가 발명되기 이전 시기의 언어이므로 구체적인 기록이 남아 있지는 않다. 그러나 때로는 일련의 언어들의 조어가 역사상의 실제 언어로 판별되기도 한다.

한 어족의 공통 조상으로 직접적으로 알려진 것은 거의 없다. 그 이유는 몇몇 고전어들을 제외하고는 대부분의 언어들이 상대적으로 최근의 짧은 기간 동안 집중적으로 기록되었기 때문이다. 하지만 비교 언어학적 방법들을 적용함으로써 조어의 많은 특징들을 복원하는 것이 가능하다. 이러한 복원 과정은 주로 여러 언어들의 낱말들 사이에 나타나는 말소리의 규칙적인 대응 관계를 토대로 이루어지며, 이와 관련된 연구 방법론은 비교 재구(比較再構)라고 불린다. 비교 재구는 19세기 초기부터 오랜 시간에 걸쳐 Rask, Grimm, Schleicher, 소장 문법 학파 등등의 일군의 비교 언어학자들에 의해 정교하게 발전해 왔다. 그리고 이러한 비교 언어학적 방법은 아래에 제시된 수많은 어족들의 정당성을 입증한다.

어족은 더 작은 계통적, 발생적 단위로 나뉠 수 있는데 관습적으로 어족의 하위 부류는 '어파' 라고 불린다. 하지만, '어족' 이라는 용어가 계통수에서 어떤 특정한 단계를 지칭하는 데 제한된 것은 아니다. 예를 들어, 게르만 어족은 인도 유럽 어족의 하위 부류이다. 일부 학자들은 '어족' 이라는 용어를 특정 단계에만 사용하려고 하지만 이러한 용어 사용에 대해서는 어떤 합의나 동의가 존재하지 않는다. 이들은 '어파' 의 하위 부류를 '어군' 이라고 부르기도 하고 '어족' 보다 큰 단위를 '대어족' 이라는 용어로 지칭하기도 한다.

어족 내에서도 다른 어족 내의 언어들과 친족 관계가 밝혀지지 않아 별개의 어파로 분류해야 하는 고립된 언어가 있다. 예를 들어 한국어의 경우 제주어를 별개로 보아 한국어족으로 분류하는 등 언어를 나누는 기준에 따라 고립된 언어가 될 수도 있고 작은 어족이 될 수도 있다. 한국어는 알타이 어족과 친족 관계를 가진다는 것이 일반론이나, 한편 알타이어 족과 친족 관계를 가지지 않는다는 학설도 있다. 한국어의 친족 관계에 관해서는 더 정밀한 연구가 요청된다.

언어 [言語, language]

생각이나 느낌 등을 나타내거나 전달하는 데에 사용하는 음성, 문자 등의 수단.

언어는 사회적 현상의 하나로서 인간의 사상과 감정을 전달하고 다른 사람과의 관계를 조정하는 기능을 가지고 있다. 즉, 언어는 어느 한 특정한 개인과 어느 다른 한 특정한 개인이나 집단 사이에 의사의 소통을 가능하게 하는 도구의 구실을 한다. 다시 말하면, 언어는 개인과 사회의 사이를 연결 짓는 매개체인 것이다.

보다 구체적으로는 언어는 인간 사회에서 발생하는 정치적, 외교적, 경제적, 상업적, 문화적, 그리고 과학적 여러 문제를 해결할 수 있게 하며(Pei 1969:50), 언어는 우리의 의사 전달과 여행을 쉽게 하고, 사업 범위를 확장시키며, 아이디어를 전파시키고, 민족적, 국내적, 국제적, 그리고 윤리적 문제들을 해결할 수 있게 한다. 언어는 문화 자체의 한 요소이고 일체의 문화적 활동의 기본이며, 자기가 살고 있는 동시대의 어떠한 사회적 집단의 특질적 양상에 가장 쉽게 접근하게 하기도 하고, 가장 좋은 결과를 얻을 수 있게 하기도 한다. 그리고 각 공동 사회는 언어 활동에 의하여 형성되고, 발화는 사회 활동에 있어서 가장 직접적인 통찰력을 우리에게 주며, 그 공동 사회에서 이루어지는 모든 것에 있어서는 일정한 역할을 한다(Bloch and Trager 1942:5). 언어 학습의 중요성과 필요성 특히 외국어 학습의 중요성과 필요성은 바로 여기에 있다고 할 수 있다.

언어 상대성 [言語相對性, linguistic relativity]

각 나라의 언어마다 서로 다른 인식 구조가 있으므로 같은 것을 보거나 들을 때 그것에 대한 인식과 사고는 사용하는 언어에 따라 다르다는 것.

문화에 따른 인지적 차이는 그 언어가 서로 다른 사실과 관련되어 있다는 생각으로, 이 생각은 언어 간의 어휘적 · 통사적인 차이점은 비언어적인 인지적 차이점에 의해서 반영된다는 것이다. 예를 들어, 두 개의 관련 대상물에 대해서 단어가 두 개 있는 문화에서는 두 대상물을 각각 다르게 생각하는 경향이 있을 것이다. 반면에 두 대상물에 대해서 한 개의 단어만 있는 문화에서는 그 둘이 더욱 유사하게 취급될 것이다.

예를 들어 우리는 쌀에 대해서 햅쌀, 찹쌀, 멥쌀 그리고 일반미 등의 다양한 용어를 사용하지만 영어는 rice라는 하나의 단어로 말한다. 마찬가지로 에스키모인들은 눈의 종류에 대해서 여러 가지 용어를 사용한다. 서로 다른 언어권에 살고 있는 사람들은 세상 사물들을 서로 다른 방식으로 분류하며 이에 따라서 서로 다른 세계관을 가지고 있다. Sapir와 Whorf 등의 언어학자들은 언어가 사고를 결정하고 언어가 다르면 사고방식도 달라진다는 언어적 상대성의 입장을 표명하였다. 이처럼 말이 환경이나 생활 습관에 따라 달라지는 현상을 언어의 상대성 이론이라고 한다. 이는 국어와 한국인의 사고가 밀접한 관계를 맺고 있음을 드러내는 것이다.

단어는 인간이 존재하기 이전부터 존재하던 것이 아니다. 즉 이미 있는 것을 인간이 발견한 것이 아니다. 인간의 필요에 의해 만들어진 단어인 것이다. 그래서 이 단어를 사용하는 사람에 따라 그 의미가 조금씩 다를 수 있다. 그것이 사회적인 승인을 받아 널리 통용되고 있음에도 불구하고 말이다. 철학자들의 책을 읽다 보면 같은 단어를 사용함에도 불구하고 철학자마다 그 단어의 의미를 다르게 사용하는 것을 허다하게 볼 수 있다. 그래서 엄밀함을 추구하는 철학자들은 우선 자신이 사용하는 단어의 의미부터 확정한 후 그 단어를 사용하곤 한다. 논쟁을 하다 보면 같은 단어를 놓고 서로 다른 의미를 부여함으로써 논쟁이 제대로 이루어지지 못하는 경우가 많다. 그럴 때는 각자가 생각하는 그 단어의 의미에 대해 서로 충분히 설명한 후에야 의미 있는 논쟁이 계속될 수 있을 것이다. 언어는 보통 같은 언어를 사용하는 대다수 사람들의 합의로 그 의미가 정해진다. 그러나 합의가 되었다고 해서 그 의미가 절대적인 것일 수는 없다. 더구나 추상적인 것을 나타내는 단어는 더욱 그렇다.

무지개는 몇 가지 색인가, 하는 질문을 받으면 우리나라 사람은 "7색" 이라 대답한다. 7색이란 다 아는 바와 같이 '빨주노초파남보' 다. 하지만 이 무지개의 색이 세계 공통의 색은 아니다. 미국인에게 질문하면 답은 "6색" 이 된다. 무지개는 물리적인 현상이기 때문에 보는 장소에 따라 색이 다를 리가 없다. 그런데 왜 미국인에게는 6색으로 보이는 것일까? 이는 영어로는 파랑과 보라 사이의 색인 남색을 가리키는 단어가 없기 때문이다. 그렇기 때문에 미국에서는 무지개 색이 '빨주노초파보' 의 6색으로 보이는 것이다(물론 백과사전 등에는 7색으로 나와 있다.). 이 외에 독일은 5색이고 3색이나 2색이라 말하는 나라 사람들도 많이 있다. 인터넷에서 조사해 본 결과 7색 이상의 나라는 없는 것 같다.

이처럼 같은 것을 보거나 들을 때 그것에 대한 인식과 사고는 사용하는 언어에 따라 크게 영향을 받는다는 가설을 '언어 상대성 가설' 이라 한다. 이 설은 어디까지나 가설이지만 위의 예처럼 '색' 이라고 하는 것은 언어에 의해 제약을 받는다는 것은 분명한 사실이다.

언어 유형론 [言語類型論, linguistic typology]

세계 여러 언어들을 조사하여 그 유형을 분류하고 일반화하여 인간의 언어가 가지는 보편적인 성격을 탐구하는 학문.

유형론은 단순한 조사와 분류에서 끝나는 것이 아니라, 이를 일반화하여 인간의 언어가 가지는 보편적인 성격을 탐구하는 것을 말한다. 언어학의 하나의 방법론으로서 유형론은 이러한 "언어의 유형을 연구하는 것" 만을 의미하지는 않는다. 유형론적 연구는 형식적 혹은 논리적 연구에 맞서는 것으로 언어의 기능, 인식 구조, 화용적 성격, 역사적 성격을 중요시 여기는 방법론을 말한다. 형식적 문법 연구가 이론 내적 개념을 기반으로 하며 언어 외적 요소를 배제하려는 것인 데 비해, 유형론은 언어 외적인 실세계의 문제를 적극적으로 끌어들여 언어 현상을 설명하려는 방법론이다.

형태상 언어의 분류는 교착어, 굴절어, 고립어, 포합어, 집합어로 나뉘어 있다. 교착어는 성격이 의미를 나타내는 실질 형태소에 어법 관계를 나타내는 형식 형태소가 결합하여 문법 기능을 나타내는 말이다. 해당 언어는 한국어, 몽골어, 일본어, 터키어가 있다. 굴절어는 실질 형태소와 형식 형태소의 구별이 뚜렷하지 않고, 어형의 변화로 어법 관계를 나타내는 말이다. 해당 언어는 영어, 불어, 독일어가 있다. 고립어는 어법 관계를 나타내는 말의 발달이 없고, 낱낱의 말이 독립되어 말의 위치에 따라 문법적 기능을 다하는 말이다. 해당 언어는 중국어, 한어계의 언어가 있다. 포합어는 음운 구조나 단어 및 문장 조직의 법칙이 뚜렷하지 않은 말이다. 해당 언어는 아이누어가 있다. 집합어는 포합어보다 더 많은 성분이 한데 뭉쳐 한 문장 내지 한 동사처럼 쓰이는 말이다. 해당 언어는 아메리카 인디언어, 에스키모어가 있다.

계통상 언어의 분류는 인도 · 유럽 어족, 우랄 어족, 알타이 어족, 중국 · 티베트 어족, 함 · 셈 어족, 말레이 · 폴리네시아 어족, 드라비다 어족으로 나누고 있다. 인도 · 유럽 어족은 분포 지역이 인도에서부터 유럽 대부분의 지역에 분포하는 어족으로 현재의 영어, 독일어, 프랑스어, 러시아어도 이에 속한다. 우랄 어족은 분포 지역이 북유럽 동부, 북러시아 일대, 서시베리아 및 일부 동유럽에 걸쳐 분포하는 어족이다. 알타이 어족은 분포 지역이 우랄 산맥의 서쪽으로 펼쳐지는 동아시아로부터 중앙아시아에 이르는 어족이다. 중국 · 티베트 어족은 서쪽은 인도 카슈미르, 티베트, 중국 대륙, 타이완에 미치며, 북쪽은 중앙아시아, 남쪽은 동남아시아에 걸쳐 분포되는 어족이다. 함 · 셈 어족은 서남아시아 북아프리카 대륙 일대를 중심으로 쓰여 온 언어의 총칭이다. 말레이 · 폴리네시아 어족은 아시아 대륙 동남쪽에 산재하는 섬들에 분포하는 어족, 오스트로네시아 어족이라고도 한다. 드라비다 어족은 분포 지역이 주로 인도 남부에서 쓰이는 언어를 총칭한다.

역사 비교 언어학 [歷史比較言語學, comparative historical linguistics]

공통 조어를 재건하여 하위의 여러 언어와의 역사적 관계를 연구하는 학문.

연구의 방법과 목적에 있어서, 여러 언어의 다양성을 연구하는 언어학의 다른 부문, 즉 언어 유형론이나 대조 언어학과는 다르다.

언어의 기호는 자의성을 띠고 있어서 언어 형식(형태)과 언어 내용(의미) 사이에는 아무런 필연적인 연관이 없다. 이러한 경우, 몇몇 언어에 동일한 또는 서로 유사한 형식이 동일한 또는 서로 유사한 내용을 나타내 보이는 것에 주목하여, 그 언어들이 공통의 기원에서 유래하였다고 보는 가설에서 출발하였다. 따라서 이러한 전제에 반하는 경우에는 연구 대상에서 제외된다.

언어학사적인 면에서 보면, 이러한 비교 언어학의 연구는 18세기 말엽 영국의 동양학자였던 존스 경이 인도의 고전어인 산스크리트가 서양의 고전어인 그리스어 · 라틴어와 어근 · 문법 등 여러 면에서 매우 유사하며, 따라서 이것은 아마도 동일한 기원을 가지고 있을 것이라는 발표로부터 본격적으로 연구된 학문 분야이다.

이것은 19세기에 매우 융성하였으며, 소장 문법 학파의 대가 Paul의 《언어사 원리》에서 집대성되었다. 이때에는 역사 비교 언어학만이 언어학으로 인식될 정도였으나, Saussure 이후로는 공시 언어학과 대등한 언어학의 한 분야로서 연구되고 있다.

연구의 중요한 수단으로 음운 대응의 발견(음운법칙 등)이나 유추, 상대적인 연대 등이 있다. 이 방법의 결점 또는 한계로는 공통의 기원을 가진 언어에서만 연구가 가능하고, 반대로 연구의 결과 공통의 기원을 가진 것으로 증명하게 되는 모순을 가진다.

그 밖에 조어를 재건할 때에는 보다 고문헌을 가진 언어가 유리하며, 최근의 문헌밖에 없는 언어는 연구상 제한을 받는다. 또 언어의 유형도, 굴절어는 교착어보다, 교착어는 고립어보다 좋은 연구 조건을 가진다. 재건된 조어가 시간적 · 공간적으로 비역사성을 지니며, 또한 재건된 어휘의 수도 어휘 전체에 비교하여 극히 소수라는 것도 이 방법의 약점이다. 이 방법에 대립되는 방법론으로 언어 지리학, 언어 연합 이론이 있다.

이상의 문제점이 있음에도 불구하고 비교 언어학은 언어학 중에서도 매우 깊은 역사와 훌륭한 업적을 남겼으며, 19세기 초에 시작된 비교 언어학에 의하여 언어학은 비로소 과학적인 것이 될 수 있었다.

전술한 여러 가지 조건에서, 그 방법이 가장 발달한 것은 인도 · 유럽 어족의 연구에서이며, 이것은 풍부한 문헌과 풍부한 하위 제어 때문에 가능했던 것이나, 그 결과의 인도 · 유럽어 비교 문법은 비교 언어학의 가장 성공적인 분야이다.

그 외의 다른 분야, 특히 알타이어 비교 언어학 분야는 인도 · 유럽 어적인 경험과 방법으로는 해결할 수 없는 문제가 많이 생겨났으며, 따라서 그 방법론도 적용 언어에 따라서 달라져야 한다는 주장이 있다.

한국어의 비교 언어학은 동계의 가능성을 가설로 삼아, 알타이어군으로 불리는 터키어 · 몽골어 · 만주퉁구스어와 비교 연구되고 있다.

외부 확장 영역 [外部擴張領域]

한국어 교육에서 가르쳐야 할 기본 영역으로 삼고 있는 것에 추가하여 가르쳐야 할 영역으로 설정한 것.

언어 교육학에서의 확장 영역은 교육 과정의 내용으로서 다루게 된다. 국어과 교육 분야에서 국어 교육의 지식 내용 영역에 관한 논의는 제1차 교육 과정 이후 지금까지 꾸준히 계속되어 오고 있는 중요한 논제가 분명하지만, 외국어로서의 한국어 교육에서는 표준화된 교육 내용이 아직 공교육적 견지에서 확립되어 있지 않은 상황이므로 교육 과정에서의 내용 영역 구분에 관한 독립적 논의가 아직 이루어진 바가 없다.

한국어 교육 과정에 포함되어야 할 한국어 내용 영역은 일반적으로 말하기, 듣기, 읽기, 쓰기, 발음, 어휘, 문법, 문화 등 영역을 설정한다. 이 바탕으로 교육 과정의 내용을 넓히고 확보하게 된 것은 한국어 교육의 확장 영역이다. 확장 영역은 다시 내부 확장 영역과 외부 확장 영역으로 나눌 수 있다.

내부 확장 영역의 경우, 대표적인 예로 어휘 교육에서 교과서에 나오는 단어를 가르칠 때 본문에서 사용되는 그 단어의 기본적인 뜻을 설명해야 할 뿐만 아니라 각 단계별로 그 단어의 다른 의미나 용법도 같이 설명해야 한다. 여기서 해당 단어의 다른 의미나 용법은 내부 확장 영역에 속한다.

외부 확장 영역의 경우, 같은 어휘 교육 측면에서 접두사 · 접미사, 유의어 · 동의어 · 반의어 등을 이용하여 교과서에 나오지 않는 단어를 보충하고 설명해서 어휘량을 확장시킨다. 즉, 교과서에 나오는 단어뿐만 아니라 해당 단어와 연관성이 있는 단어들도 보충 단어로 같이 가르치는데 이 보충 단어들은 외부 확장 영역에 속한다.

용인성 [容認性, acceptability]

텍스트 수용자의 입장에서 지식을 습득하기 위한 어떠한 텍스트를 결속 구조와 결속성을 갖춘 텍스트로 수용하는 개념.

이석규는 용인성을 좁은 의미와 넓은 의미로 나누었다. 그에 따르면 가장 좁은 의미의 용인성은 텍스트 수용자가 한 언어 구성체를 결속 구조와 결속성에 만족하여 텍스트를 수용할 때이다. 넓은 의미에서 용인성은 능동적으로 담화에 참여하여 공동의 목표를 갖고자 하는 의지까지 포함한다.[18] 다시 말해서 좁은 의미에서 용인성은 텍스트 수용자로 하여금, 한 언어 구성체를 응결성과 응집성을 만족시킨 사용 가능한 텍스트로서 수용하게 하는 것이다. 넓은 의미에서 용인성은 담화에 참여하고 공통의 목표를 가지려는 능동적 의지로서 수용 행위를 포함한다.[19]

김진호에 따르면 결속 구조와 결속성이 텍스트 중심적인 개념임에 반해 의도성 및 용인성은 화행론의 개념으로 텍스트의 사용자측과 관련한 개념이다. 텍스트의 용인성은 텍스트 수용자의 입장에서 지식을 습득하기 위한 어떠한 텍스트를 결속 구조와 결속성을 갖춘 텍스트로 수용하는 개념이다. 예를 들어 지식을 습득하거나 어떤 계획에 협력하기 위하여 텍스트 수용자에게 유용하거나 적합한 텍스트를 기대하는 태도라 할 것이다.

Robert에 따르면 텍스트에서의 용인성은 텍스트 수용자의 태도에 관한 것으로, 발화자는 텍스트 사용자에게 어떤 유용성이나 만족감을 주면서, 지식을 얻거나 어떤 계획을 위한 협력을 제공하는 등 결속성과 결속 구조를 구비한 텍스트를 구성하도록 하는 것이다.[20)]

한편, 용인성은 한 언어가 허용하는 모든 문장을 설명하는 것이 바로 '문법' 내지 '문법성' 이라는 것을 어떻게 검증할 것인가에 대한 연구 과정에서 그 중요성이 드러나게 되었다. 이에 대한 두 가지의 대립된 주장은 아래와 같다.

1. 실제로 발생하고 있는 문법적인 데이터가 모두 그 언어에 속한다고 고집하는 견해
2. 현실적인 발생과 무관하게 모든 가능한 관계들을 문법이 규명할 수 있다는 견해

즉 전자는 추상적 문법에 의해서 규정되는 '문법성' (grammaticality)이라 정의하고, 후자는 실제 통화에서 용인되는 '용인성' (acceptability)으로 정의하기보다 잠재적 체계(virtual systems)와 그 실현 절차(actualization procedures)의 관계로 본다는 것이다.

음성학 [音聲學, phonetics]

인간 언어의 기본 말소리의 음성 현상을 과학적으로 연구하는 학문.

인간의 언어를 총체적으로 다루는 방대한 언어학의 과제 가운데서 인간 언어의 기본 말소리의 음성 현상을 과학적으로 연구하는 학문을 음성학이라

한다. 이러한 음성학의 연구는 한 언어의 말소리를 대상으로 하는 개별 언어 음성학과 세계 모든 언어의 말소리를 대상으로 하는 일반 음성학으로 다시 구분된다. 그러나 개별 언어 음성학과 일반 음성학은 별개의 것이 아니라 전체와 개체의 관계를 이룬다. 음성학은 19세기 이후 크게 발달하였으며 1886년에 국제음성학협회(International Phonetic Association, IPA)가 창립되어 그 기초가 마련되었다.

또한 언어 음성의 전달 과정은 ① 화자가 여러 가지 발음 기관을 움직여서 소리를 내는 과정 ② 그러한 작용을 통해서 나온 소리가 일종의 음파로서 공기를 진동시켜 청자의 귀에 도달하는 과정 ③ 음파가 귀의 고막을 떨게 하여 소리를 청취하는 과정 등으로 나눌 수 있으며, 관심을 갖는 과정에 따라서 연구 방법이 각각 달라진다.

우선 소리를 내는 부분에 대한 연구로서 발음 기관의 움직임을 연구하는 분야를 생리 음성학(生理音聲學, physiological phonetics) 또는 조음 음성학(調音音聲學, articulatory phonetics)이라고 하며, 음파의 전달 과정을 물리적으로 연구하는 분야를 음향 음성학(acoustic phonetics) 또는 실험 음성학(experimental phonetics), 그리고 소리의 청취면을 연구하는 분야를 청취 음성학(auditory phonetics)이라고 한다.

음향 음성학 [音響音聲學, acoustic phonetics]

음성학의 하위 분야 중의 하나로, 말소리의 음파를 분석하는 학문.

음향 음성학은 음성학의 하위 분야 중의 하나이다. 김성규 · 정승철(2010)은 말소리의 물리적 특성을 연구하는 분야가 음향 음성학이라고 한다. 음향 음성학에서는 음향 분석기 등을 이용하여 발음을 하는 기관들의 움직임에 따라 달라지는 말소리의 음파를 분석하여 연구한다. 김무림 · 김옥영(2009)은 음향 음성학은 물리 음성학이라고도 하며 언어음이 가진 음파로서의 특성을 규명하는 것을 목표로 한다. 음향 음성학은 음파의 기계적 분석에 의존하게 되므로 전통적인 조음 음성학에 비해 객관성이 높다고 할 수 있다.

강옥미(2003)은 화자의 입밖으로 나와서 청자의 귀에까지 도달하는 동안 공기 중에서 조음된 음이 어떠한 신호로 전달되는지를 연구하는 분야가 음향 음성학이라고 한다. 전자공학과 물리학의 발달로 음향 분석기, 동태구개도와 음성 합성기 등을 이용한다. 특히 음향 분석기를 사용하여 공기 중에 전파되는 소리의 파형(음파)을 분석할 수 있게 되었다.

응용 언어학 [應用言語學, applied linguistics]

언어학의 연구 결과를 실용적인 문제에 적용하려는 학문.

응용 언어학에 대해 한마디로 정의를 내리기가 어렵다. 지금까지 내려진 정의 중 대표적인 것을 살펴보자.

1) 응용 언어학은 언어의 속성들을 바탕으로 어떻게 교육에 접목을 할 수 있는지를 연구하는 분야이다.

2) 응용 언어학은 언어 교수에 대한 언어학의 응용이다.

3) 응용 언어학은 언어학에서 알아낸 지식을 주변 학문 분야에 응용하는 것이다.

4) 언어와 관련된 기본적인 문제를 해결하기 위해 언어에 대한 지식이 사용될 때면 응용 언어학이 실천되고 있다고 말할 수 있다. 응용 언어학은 추상적인 개념과 연구로써 발견된 것들을 실세계에 접근하고 또 이와 관련 있게 하는 응용과학이다. 응용 언어학은 이론과 실천을 중재한다(Kaplan and Widowson 1992: 76).

5) 넓은 의미에서 응용 언어학은 우리 인간 만사에서 일어나는 언어 역할의 이해를 증진하는 것이며 따라서 언어와 관련된 결정을 내려야 하는 사람들에게 필요한 지식을 제공하는 것이다. 이때 이러한 지식의 필요성은 교실, 직장, 법정 또는 실험실에서 일어날 수 있다(Wilkins 1999: 7).

6) 응용 언어학은 언어가 중심 쟁점이 되는 실세계 문제에 대한 이론적 및 경험적 연구이다(Blumfit 1997: 73).

7) 응용 언어학이란 인간의 문화적 및 사회적 상황에서 일어나는 언어 문제의 해결에 언어학의 이론, 기술 및 방법을 응용하는 것이다(Carter 1999: 3).

8) 응용 언어학은 실세계에서 어떤 목적을 달성하거나 어떤 문제를 해결하기 위해 (a) 언어 및 (b) 언어가 어떻게 학습되며 또 (c) 어떻게 쓰이나에 대해 우리가 알고 있는 것을 사용하는 것이다(Schmitt and Celce-Murcia 2002:1).

9) 응용 언어학의 초점은 사람들이 실세계에서 당면하는 언어에 기반된 문제들을 해결하려는 데에 있다. 이때 이 문제에 당면하는 사람들이란 학습자, 교수, 감독관, 대학에서 근무하는 사람들, 변호사, 봉사 제공자, 사회 봉사를 필요로 하는 사람들, 수험자, 정책 개발자, 사전 편찬자, 번역자 및 다방면의 상업 고객 등이다(Grade 2002: 9).

10) 응용 언어학은 언어에 대한 지식과 실세계에서 내려야 하는 결정과의 관계에 대해 연구하는 학문 분야이다(Cook 2003: 5).

11) 응용 언어학은 언어가 중심 쟁점이 되는 실세계의 문제를 사변적이고 경험적인 연구를 통하여 이론화하는 일관성 있는 활동이다(Davies 2004: 11).

의사소통 [意思疏通, communication]

사람들 간에 생각이나 감정 등을 교환하는 총체적인 행위.

교육학에서는 의사소통은 일반적으로 정보 또는 의미의 전달 과정이라고 넓게 정의할 수 있으나 그 구체적인 내용과 요소 중에서 어디에 초점을 두느냐에 따라 여러 가지로 정의할 수 있다.

의사소통은 크게 구조적 관점과 기능적 관점 그리고 의도적 관점의 세 가지로 나누어 볼 수 있다.

① 구조적 관점에서 본 의사소통: 구조적 관점이란 의사소통을 정보 또는 단순한 송수신 과정으로 보고 그 구조 자체에 중점을 두는 견해이다.

② 기능적 관점에서 본 의사소통: 기능적 관점이란 의사소통을 사람의 기호 사용 행동 자체로 보고 그 기호화 및 해독 과정에 중점을 두고 있다. 이 견해에 의하면 의사소통이란 어떤 자극에 대한 한 유기체의 분별적 반응이라고 정의하고 있다. 이 정의에 의하면 의사소통은 주위 환경이 한 유기체를 자극해서 그 유기체가 외적 자극에 대한 어떤 반응을 일으켰을 때 일어나며 만약 그 외적 자극이 유기체에 의하여 무시된다면 의사소통이 일어나지 않는다는 것이다.

③ 의도적 관점에서 본 의사소통: 이 견해에 의하면 의사소통이란 한 사람이 다른 사람에게 영향을 미치기 위하여 의도적으로 계획되는 행동이라는 것이다.

따라서 의사소통이란 이들 세 가지 관점의 총화로서 유기체가 기호를 통하여 서로 정보나 전언을 전달하고 수신해서 서로 공통된 의미를 수립하고 나아가서는 서로의 행동에 영향을 미치는 과정 및 활동이라고 할 수 있다.

특수 교육학에서의 의사소통이란 사람들 간에 생각이나 감정 등을 교환하는 총체적인 행위이다. 의사소통은 구어(oral language)나 문어(written language)를 통한 언어적 요소는 물론 제스처나 자세, 얼굴 표정, 눈맞춤, 목소리, 억양 등과 같은 비언어적 요소를 통해서도 이루어질 수 있다. 최근 특수교육에서는 의사소통에 문제가 있는 사람을 위하여 대체 의사소통과 보완 의사소통에 대한 연구와 기기의 보급이 확대되고 있는 추세이다.

생명 과학 용어에서의 의사소통이란 (1) 어떤 동물 개체의 몸짓이나 음성 등이 동종 또는 다른 종의 어떤 개체의 행동에 영향을 주어 그 결과로 그들이 신호를 보낸 개체가 유리해지는 경우, 그 개체 사이에 정보가 전해졌다고 생각하는 바로 그 정보 전달이다. 꿀벌의 댄스, 반디의 발광 등 의사소통의 특수한 수단으로 알려진 것 등 여러 가지가 있다. 의사소통의 종류는 각 동물종의 감각 기능과 밀접하게 관련되어 있으며 대부분의 포유류에서는 예를 들면, 자기 세력권의 기호로서 체표의 분비물, 대소변 등의 냄새를 중요하게 이용한다. 음성은 조류, 포유류 등 고등 동물에서 의사소통의 주요 수단이며 명금류(鳴禽類)는 세력권 점유를 지저귐으로 알리며, 원숭이는 15~20가지, 침팬지는 30가지 이상의 다른 소리가 있다고 한다. 얼굴의 표정이나 꼬리의 동작 혹은 전체의 자세 변화가 의사소통의 수단이 되는 것을 대부분의 포유류에서 볼 수 있지만, 그러한 것은 대체로 감정의 자연적 표출이 그대로 전달로 이용되고 있는 것으로 해석된다. 그러나 영장류에는 기호화된 행동이 있다. 일본 원숭이의 등타기가 그 하나이다. 원래 등타기는 짝짓기의 자세인데, 상위자의 하위자에 대한 서열 확인 및 하위자의 상위자에 대한 순종 표현 수단으로 사용된다. 유인원을 대상으로 하여서는 몸짓이나 도형을 단어로 사용하는 학습 실험도 가능하다. (2) 생체를 구성하는 세포 간에 볼 수 있는 각종 상호 작용도 있는데 이를 세포 간 의사소통이라고도 한다.

자연성 [自然性, naturalness]

자연주의 교육 사상.

현대의 자연주의 교육은 19, 20세기 교육에 많은 영향을 끼친 Rousseau, Steven, Pestalozzi의 사상을 중심으로 논의된다.

Rousseau는 교육 인간의 자연적 발전을 위한 모든 조성적 활동이라고 하였다. 사람은 교육에 의해 인간이 된다고 하였다. Steven은 교육은 자연의 법칙에 따라 개체의 발달을 기술적, 지성적으로 조장하려는 인류 고유의 활동이며, 미성숙한 자연인을 자율적이고 독립적인 생활인으로 성숙될 수 있도록 성숙자가 미성숙자를 육성하는 모든 작용이라는 것이다.

Pestalozzi는 자연성 원리에 입각한 새로운 교육 방법의 발달에 많은 공헌을 했다. 그는 감각적 직관을 통한 교육, 생활 속의 경험을 통한 학습, 언어 학습은 항상 감각 대상과 결합시켜야 하며, 사랑과 신뢰를 바탕으로 한 교육을 해야 한다고 강조했다.

교육학에서 자연성을 요약하면 다음과 같다.

첫째, 모든 교육 활동은 학습자의 자연적 성장 발달에 맞추어야 한다. 조기 학습이나 선행 학습은 심각한 부작용을 낳을 수 있다.

둘째, 모든 교수법은 경험을 바탕으로 해야 하며, 학습자의 자기 활동에 의한 관찰과 발견을 중시한다.

셋째, 모든 교육 활동은 학습자에게 즐거운 것이 되어야 한다.

넷째, 모든 교육은 자연적 상황을 활용해야 한다. 예를 들어 뜨거운 것을 경험함으로써 뜨거운 것으로부터 안전해지는 것을 배운다는 것이다.

자의성 [恣意性, arbitrariness]

언어에서, 소리와 의미의 관계가 사회적 약속에 의하여 임의적으로 이루어진 것임을 명명하는 말.

언어 기호의 자의성에 대한 최초의 관심은 Saussure(1916)에서 나타났다. 그는 "시니피앙을 시니피에[21]에 결합시키는 관계는 자의적이다. 다시 말하면, 기호를 시니피앙과 시니피에의 연합으로 이루어지는 전체라고 간주함으로, 간략히, 언어 기호는 자의적이다."라고 하였다(임지룡, 2005).

실제로 글자 발달의 초창기에 나타나는 언어 기호들은 사물의 형태를 모방한 것이었는데 이러한 상적 기호로부터 독립한 시점에서 언어 기호는 질적인 진화를 이루게 되었다(임지룡, 2010). 여기서 잠깐 상적 기호의 개념을 보기로 한다. 상적 기호는 기호의 형태와 기호가 지칭하는 대상이 직접적으로나 간접적으로 닮아 있다. 예를 들면, 日 川 山 등의 상형문자. 즉 상징하는 것과 그 대상 간의 모종의 관계가 있다는 것이다. 대부분의 언어는 이에 속하지 않는데, 예외적으로 의성어가 상적 기호에 속한다. 왜냐하면, 의성어는 그 말대로 나는 소리를 흉내 내어 만든 언어이기 때문이다.

반면에, 임지룡(2010)에서 언급하였듯이 언어의 자의성은 기호의 능률에 관한 문제로서, 제한된 기호로 무한한 개념을 포착하게 해 준다. '나무' 라는 언어 기호의 시니피앙[na:mu]와 시니피에 /木/의 관계는 형태 즉 기호를 통해서 의미를 예측할 수 없고, 의미가 제시되어도 그 형태를 예측할 수 없다는 뜻에서 자의성을 가진다. 이해하기 쉽게 말하자면, 언어는 상징하는 지시물(의미)과 그 지시물의 지칭어(소리 혹은 기호)의 결합이지만, 이 지시물과 지칭어 간의 어떤 법칙에 따라 필연적으로 생산된 것이 아니라, 언어를 사용하는 사람들이 사회적인 약속을 임의적으로 해 놓은 것일 뿐이다. 투명하고 아무 맛도 없으나 인간 세상에 없어서는 안 되는 액체를 '물' 이라고 부르기 전에 이 액체(지시물, 의미)와 '물' (지칭어, 소리, 기호) 사이에는 아무런 관계가 없었다. 사람들이 두 개를 연결시켜, 지금부터 이 액체를 '물' 이라고 부르자고 약속해서 '물' 이라는 언어가 세상에 태어났다. 이것이 바로 언어의 자의성이다. 처음부터 시니피앙과 시니피에가 필연적인 관계가 없었기 때문에 자의성을 가진다는 것이다.

언어 기호의 자의성에 대한 증거로는 한국말의 '물' 이 중국어에서는 '水' , 몽골어에서는 'yc' , 영어에서는 'water' 로 실현되는 것을 들 수 있다. 만약 언어와 사물의 관계가 필연적이라면 한 사물에는 한 언어만 존재해야겠지만, 실제로는 이렇게 나라마다 다양한 것이 바로 자의성을 나타내는 예이다. 낱말의 형태 또는 소리 및 의미의 변화, 동음어와 다의어의 존재 등도 자의성의 예로 들 수 있다. 완전 동음어의 '때(時-垢)' 나 유사 동음어의 '밤(栗-夜)' 이 동음어가 된 것은 언어 기호의 자의성의 증거이다.

재구 [再構, reconstruction]

역사 비교 언어학의 연구 방법론의 하나.

우리가 공통 조어의 재구를 하는 목적은 초기 언어에 접근하여 그것을 잘 설명하고, 후기에 입증할 수 있는 자손 언어로 발달하는 데 어떤 변화 과정을 겪었는가를 보여 주기 위한 것이다.

어떤 어족을 재구하는 작업은 우선 그 음운 체계(sound system)를 재형성하는 것이며, 조어의 형태소를 수집하는 것이다. 이것을 음운론적 재구(phonological reconstruction)라고 부른다. 하지만, 여기에서 음운론적 재구란 것은 문법에 관한 다른 영역도 분명히 암시하고 있다.

내적 재구(internal reconstruction)란 해당 언어에서 그 언어의 초기 상태에 관한 어떤 암시를 주기도 하고, 혹은 어떤 상태인가를 알기 위해 형태를 비교하는 것이다. 오늘날의 언어학에서 이미 내적 재구의 법칙 적용을 받은 많은 것들이 기술 언어학으로-특히 형태소의 분석이라는 방향으로-연결된다. 그러나, 역사적인 관점에서 볼 때 내적 재구는 한 언어의 초기 단계에 도달하는 한 가지의 타당한 책략으로 존재한다.

내적 재구는 친족 관계가 있는 다른 언어가 없거나 알려지지 않아 비교 재구를 할 수 없는 경우, 조어에서 그 언어까지의 상세한 언어 변화 과정을 재구하려는 경우, 조어의 선사를 재구하려는 경우 등에 사용된다.

내적 재구는 언어의 역사에서 일어난 변화들이 흔적을 남긴다는 사실에 기반하고 있다. 이러한 흔적을 찾아 언어의 변화 과정을 복원하고 그 변화가 일어나기 전의 원형을 재구할 수 있다. 이러한 연구에 가장 적합한 것의 하나가 공시적으로 나타나는 형태 음운적 교체형들이다. 형태론적으로는 동일한 요소이면서 형태 음운론적으로는 다른 형태로 교체를 하는 경우 내적 재구를 위한 주요 자료가 된다.

비교 재구(comparative reconstruction)란 공통의 언어로부터 분기되었다고 믿어지는 둘 이상의 언어들이 있을 때 이들 언어들을 체계적으로 비교해서 그 언어들이 분화되기 이전 상태의 언어인 공통 조어를 재구하는 연구 방법론을 말한다.

비교 재구의 궁극적인 목표는 모든 층위를 포괄하는 전체적인 조어의 모습을 세밀한 부분까지 구체적이고 상세하게 재구하는 것이나, 현재까지의 비교 재구에 연관된 연구들은 주로 말소리의 비교 재구에 집중이 되어 있었기 때문에 비교 재구는 일반적으로 말소리의 비교 재구를 가리킨다.

'구름' 이라는 뜻을 가진 그리스어 nephos, 산스크리트어 nabhas, 고교회

슬라브어 nebo의 예를 들어 재구 과정을 살펴보면 다음과 같이 생각할 수 있다. 첫째 음은 그 반사형이 모든 개별어에서 동일하므로 *n으로 재구된다. 둘째 음의 재구는 주어진 자료만으로는 파악하기 어려우나 여러 다른 자료들을 참조할 때 공통 조어의 *e가 산스크리트어에서 a로 변한 것이 확인되므로 조어형이 *e로 재구된다. 셋째 음은 산스크리트어와 그리스어는 유기음이라는 점에서, 산스크리트어와 고교회슬라브어는 유성음이라는 점에서 공통성을 공유하고 있다. 산스크리트어의 bh가 다른 두 언어의 형태들과 하나씩 유사성을 공유하고 있으므로 재구형을 *bh로 간주할 수 있다. 네 번째의 음은 두 번째의 음과 동일한 이유로 *o로 재구할 수 있다. 마지막 자음은 언어 변화에서 없던 음이 새로 생겨나기보다는 있던 음이 특정 환경에서 탈락하는 경우가 일반적이므로 어말 자음 탈락이 일어났다 보고 *s로 재구할 수 있다. 따라서 공통 조어형은 *nebhos로 재구된다.

적절성 [適切性, appropriateness]

발화가 일어나는 상황, 발화의 목적, 그리고 발화를 만들어 내고 해석하는 청자와 화자의 관계성을 고려하여 그에 맞는 언어 사용을 할 수 있는 능력.

한상미(2005)는 의사소통 능력이 특정 공동체에서 적절하게 의사소통할 수 있는 능력이라고 볼 때 '적절하게' 말한다는 것은 담화 차원의 의미의 정확성과 의도의 적절성을 모두 포함하는 개념이라고 설명한다. 의미의 정확성은 의사소통하고자 하는 정보를 얼마나 정확하게 발화하고 이해하는가에 관계하고, 의도의 적절성은 의사소통에서 전달하고자 하는 의도를 얼마나 적절하게 전달하고 이해하는가에 관계한다고 설명한다.

이성영(1994)은 적절성은 문맥이나 상황 맥락상의 요구나 목적에 발화가 부합하는지 여부에 관심을 둔다고 하였다.

전은주(1998)는 내용 표현이 적절성의 원리를 만족한다는 것은 발화된 텍스트가 상황과 표현 의도에 맞게 상대에게 받아들여질 수 있는 텍스트적인 요인을 만족하는 형태로 표현된 것을 의미한다.

김광해(1999)에서는 문장의 정확성은 문법성과 함께 적절성을 갖추어야 한다고 설명하면서 문법성은 내용어와 기능어가 결합되는 과정에서 조립 규칙에 어긋남이 없는가의 문제이며 적절성은 조립 규칙에는 잘못이 없지만 표현 의도가 제대로 드러나고 있는가의 문제라고 설명하였다.

그러므로 위에서 언급한 적절성의 특징을 종합하여 볼 때 적절성은 다음과 같이 정의할 수 있다. 적절성은 발화가 일어나는 상황, 발화의 목적, 그리고 발화를 만들어 내고 해석하는 청자와 화자의 관계성을 고려하여 그에 맞는 언어 사용을 할 수 있는 능력이다.

적합성 [適合性, suitability]

교육 과정의 자료원 또는 기초 요인을 고려하는 문제에 관련된 개념으로서 개인적, 사회적, 학문적인 세 가지 차원을 포함하는 것.

'적합성' 은 1960년대 교육의 대표적인 슬로건 중의 하나였으며 오늘날까지도 여전히 논의 대상이 되고 있다. 이처럼 적합성에 대한 논의가 끊임없이 계속되고 있는 이유는 그것이 교육에 근본적인 문제를 제기하기 때문이다. 즉, "어떠한 지식이 가장 가치 있는가?" 그런데 '적합성' 이라는 용어 자체는 상대적인 용어이다. 예컨대, 사회의 요구에 초점을 두게 되면, 그 교육 과정은 학습자의 요구를 적절히 반영하지 못할 것이다. 한편, 학습자의 흥미나 관심을 우선으로 한다면, 그 교육 과정은 사회의 현실 문제 해결에 적합하게 대처하지 못할 것이다. 또한 어떤 교육 과정이 도시의 아동에게 적합하다면, 그것은 농촌의 아동에게는 적합하지 못할 것이다.

따라서 학자의 연구를 종합적으로 살펴보고 나서 적합성의 의미는 세 가지 차원에 입각하여 설명할 수 있다. '적합성' 이란 학습자, 사회, 학문의 차원에 입각하여 논의되는 개념이다. 다시 말해서 교육 과정이 학습자 개인의 상황이나 조건에 어느 정도 적합한가 하는 차원에서 개인적 적합성을 논하고, 사회의 발전이나 문제 해결에 어느 정도 적합한가 하는 차원에서 사회적 적합성을 논하며, 지식의 체계나 탐구 방식에 어느 정도 적합한가 하는 차원에서 학문적 적합성을 논할 수 있다. 따라서 교육 과정에서 '적합성' 이란 교육 과정의 자료원 또는 기초 요인을 고려하는 문제에 관련된 개념으로서, 이는 개인적, 사회적, 학문적 적합성의 세 차원을 포함하고 있다. 물론, 이 세 가지는 상호 독립적이라기보다는 서로 유기적 관계를 맺고 있는 상호 보완적인 것임을 전제로 한다.

위에서 살펴본 내용을 근거로 하여, '교육 과정의 적합성' 은 본질적으로 다음과 같은 성격을 지닌 문제라고 할 수 있다.

첫째로, '교육 과정 적합성' 은 교육(또는 교육 과정)에 대한 관점에 따라 그 적합성의 초점이 달라질 수 있는 성격의 문제이다. 즉, 교육에 관한 관점에 전제되어 있는 인간(학습자), 사회, 지식에 대한 기본 가정에 따라 적합성의 초점이 달라질 수 있다. 바꾸어 말하면 교육 과정의 적합성은 개인적(학습자), 사회적(사회), 학문적(지식) 적합성의 세 차원에서 논의되는 개념이다.

둘째로, '교육 과정의 적합성' 은 역사적 맥락 속에서 고찰될 수 있는 성격의 문제이다. 사회가 변하게 되면, 특히 특정 사회 · 역사적 조건이 변화하기 시작하면, 기존 교육 과정의 적합성은 문제가 되기 시작한다. 그리고 적합한 교육 과정이 새로 출현해야겠다는 요구가 강해지게 된다.

전산 언어학 [電算言語學, computational linguistics]

전산학과 언어학에 밀접한 관련이 있는 학문으로 전산적인 관점에서 자연 언어의 통계적인 모형과 논리적인 모형을 다루는 분야.

전산 언어학은 영어로 'computational linguistics' 라고 한다. 간단하게 말하면 언어학과 전산학이 밀접한 관련을 맺으면서 확립되기 시작한 분야 간의 학문이다. 이때 모형은 언어학의 특정 하위 분야에 제한되지 않는다.

초기에는 문학 언어의 통계적 연구에 컴퓨터를 이용하는 작업을 가리켰으나, 지금은 주로 자연 언어 처리(natural language processing), 또는 자동 언어 처리(automatic/automated language processing)를 일컫는다. 전산 언어학은 컴퓨터와 계산 알고리즘(algorithm)을 자연 언어의 처리에 적용한다는 의미에서는 전산학의 한 분야이다.

전산 언어학은 자연 언어 자체가 연구의 대상인 언어학과 인간이 자연 언어를 어떻게 처리하는가를 연구하는 심리 언어학(psycholinguistics)과 밀접한 관계가 있다. 전산 언어학의 초기인 1960년대 초의 연구 초점은 기계 번역(machine translation)이었다.

영어를 입력으로 받아들이고 그 구조와 의미를 결정하여 그 해석을 나타내는 출력을 내주는 컴퓨터의 프로그램 개발에 그 초점을 맞추게 되었다. 이와 같은 프로그램을 고안함으로써 프로그램 제어 구조, 지식 표시, 문제 풀이 방식에 대한 아이디어를 개발하고 시험하는 기본 바탕이 마련되었다.

전산 언어학의 연구에는 원문이나 음성 입력을 받아서 그 의미를 이해하는 시스템을 개발하는 것, 특정 언어 이론을 평가하기 위한 시스템을 개발하는 것, 자연 언어 처리를 위해 제안된 시스템을 수학적으로 분석하는 것 등이 있다. 세부적 문제로서는 언어 구조를 알아내기 위한 알고리즘, 의미의 표현과 해석, 의미 표현으로부터 문장을 생성하는 방법 등에 대한 연구 부문이 있다.

전산 언어학의 발달에 따라 상품화되고 있는 것도 많은데 기계 번역 시스템은 일본과 유럽에서 특히 상용화에 힘쓰고 있고 컴퓨터 명령어의 자연 언어 처리 시스템이 미국 등에서 개발되어 상품화되었다. 전산 언어학은 언어학자, 전산학자뿐만 아니라 인공 지능, 인지 심리학, 논리학 등 분야의 전문가들의 참여를 필요로 한다. 초창기에는 문법과 해석이 전부였으나 음운론 · 의미론 · 화용론으로 전산 언어학의 범위가 커졌다.

또 입말을 이해하는 컴퓨터를 연구하기 시작함으로써 말과 음성학의 연구가 전산 언어학의 한 분야로 자리 잡았다. 한편 전산 언어학은 인공 지능(artificial intelligence)과 겹치는 분야인데 인공 지능의 근본적 목표는 인간의 심리학적 처리를 모델화하려는 것이고 전산 언어학의 목표는 자연 언어를 처리하고자 하는 것이다.

전통 문법 [傳統文法, traditional grammar]

19세기까지 발전한 각 언어의 문법으로 이성주의, 사변철학, 실증론 등에 입각하여 언어 현상에 대하여 연구하는 문법.

전통 문법은 Saussure 이전의 언어학을 구성하고 있었고, Saussure에 의해 비판 받았다. 전통 문법의 경우 크게 두 가지 문제점이 있었는데, 하나는 기초 개념들의 정의가 명확하지 않다는 것이고(예를 들어, '명사'의 정의가 무엇인가?) 다른 하나는 '왜' 보다는 '어떻게'에 초점을 맞춰 연구했다는 것이다. 이 문제점들은 구조주의 언어학이 등장하면서 점차 해결된다.

전통 문법은 이성주의, 사변철학, 실증론 등에 입각하여 언어 현상에 대하여 연구하는 문법이다. 전통 문법은 구조 문법이 출현하기 이전의 문법을 통틀어 일컫는 용어이다. 이것은 기원전 5세기 Platon의 철학적 문법부터 19세기 말 영국의 언어학자인 Sweet와 덴마크의 언어학자인 Jespersen의 과학적

〈표 1〉 라틴 전통 문법과 과학적 전통 문법

라틴 전통 문법	과학적 전통 문법
1. 철학자가 언어의 규칙을 인출하여 내는 것이라고 믿음.	1. 언어학자가 언어 규칙을 체계화함.
2. 언어의 변화를 타락으로 봄.	2. 언어의 변화를 긍정적으로 봄.
3. 문자 언어를 중시함.	3. 음성 언어를 중시함.
4. 규범 문법과 보편 문법의 성격을 지님.	4. 규범성을 무시함.
5. 직관으로 언어 현상을 설명함.	5. 언어 규칙을 고증하고 설명함.
6. 의미를 중시함.	6. 의미보다 형태를 중시함.
7. 논리학적으로 접근함.	7. 논리학에서 해방됨.
8. 평서문을 기본문으로 간주함.	8. 평서문을 기본문으로 설정함.
9. 정서법, 어원론, 통사론, 운율론, 구두법 등 다섯 분야로 나뉨.	9. 음운론, 형태론, 통사론 등 세 분야로 나뉨.

문법까지 한데 묶어 일컫는 것이다.

Sweet와 Jespersen이 실증론에 입각하여 문법을 연구하기 이전의 문법을 라틴 전통 문법이라고 하고, Sweet와 Jespersen이 체계화한 문법을 과학적 전통 문법이라고 하여 구분하기도 한다. 양자의 특징을 적어 보면 〈표 1〉과 같다.

조음 [調音, articulation]

말소리의 산출에 관여하는 발음 기관의 움직임을 통틀어 이르는 말.

말소리가 만들어지는 과정에 대한 연구 분야는 조음 음성학이라고 한다. 조음에 대해서 '조음 기관', '조음 위치', '조음 방법' 을 통해서 살펴보고자 한다.

말소리의 특색을 만들어 내는 데에 있어서 여러 가지 기관을 이용해야 하는데 이러한 기관을 조음 기관이라고 한다. 조음 기관 가운데 한국어의 발음에 관여하는 중요한 부분으로는 입술, 치조, 경구개, 연구개, 혀, 목젖, 성문 등이 있다. 이들 조음 기관 가운데 어떤 부분들을 움직이면서 기류를 흘려보내는가에 따라 공명강(구강, 비강, 순강과 인두강 등의 부분이 공명 상자의 역할을 하기 때문에 공명강이라고 한다)의 모양이 달라진다. 이러한 차이는 결국 말소리의 차이를 만들어 낸다.

구강에서 공기의 흐름이 장애를 받아 자음을 낼 때 조음점(調音點, point of articulation)과 조음체(調音體, articulator)가 작용한다. 조음점은 대체로 고정되어 있는 발음 기관을 말하는 것인데 윗입술, 윗잇몸, 경구개(硬口蓋), 연구개(軟口蓋), 목젖[口蓋垂], 인두(咽頭), 성문(聲門) 등을 가리킨다. 조음체는 성도를 수축하는 데에 사용하는 발음 기관인데 아랫입술, 혀끝[舌端], 설면(舌面), 설근(舌根) 등이다. 조음점과 조음체가 서로 작용하여 소리를 내는데 작용하는 부위에 따라 여러 가지 소리가 된다.

조음을 하는 위치를 조음 위치라고 한다. 조음 위치는 조음 기관과 밀접한 관계를 가진다. 조음 위치에 따라 한국어의 자음을 분류할 수 있는데 양순음, 치조음, 경구개음, 연구개음, 후음이 있다.

소리를 내는 방법 즉 조음법(調音法, manner of articulation)에 따라 소리의 종류가 결정된다. 조음체가 공기 흐름을 차단하거나 조절하여 구강이나 비강으로 내보낼 때에 자음이 발음되는데 구강으로 배출되는 공기가 방해를 받아 만들어지는 소리가 장애음(障礙音, obstruent)(폐쇄음 'ㅂ ㅃ ㅍ ㄷ ㄸ ㅌ ㄱ ㄲ ㅋ', 마찰음 'ㅅ ㅆ ㅎ', 파찰음 'ㅈ ㅉ ㅊ'을 가리킨다.)이고, 나머지 소리는 공명음(共鳴音, sonorant)(모음, 유음 'ㄹ', 비음 'ㅁ ㄴ ㅇ'을 가리킨다.)이라고 한다. 조음 방법에 따라 한국어의 자음을 분류하면 기류의 흐름을 완전히 막았다가 일시에 터뜨리는 소리, 기류의 통로를 좁혀서 마찰을 일으켜 내는 소리, 공기의 흐름을 막았다가 공기를 서서히 내보내며 마찰을 일으키게 하는 소리로 나눌 수 있다. 또한 비강으로 기류를 내보내는 소리와 혀의 양옆으로 기류를 계속 흐르게 하는 소리도 있다. 즉 조음 방법에 따른 자음은 폐쇄음, 마찰음, 파찰음, 비음과 유음으로 분류될 수 있다.

준언어 [準言語, paralanguage]

언어적 내용에 동반된 음성적 요소로서 목소리의 음조, 강세, 전달 속도, 크기, 억양 등을 포함하는 것.

사람의 목소리는 음조(tone), 강세, 전달 속도, 크기, 억양 등에 의해서 얼마든지 메시지에 변화를 줄 수 있다는 특성이 있다. 이러한 맥락에서 본다면 발화된 모든 언어적 메시지는 결코 중립적일 수 없다. 항상 준언어적인 요소에 의해 영향을 받기 때문이다. 똑같은 발화라도 그 의미는 목소리의 음색, 억양, 각 단어들에 주어진 강세 등에 의해 결정된다. 또 발화된 언어적 문장이 함축하고 있는 내용 역시 목소리의 음색, 억양, 각 단어들에 주어진 강세에 의해 결정된다. 목소리의 톤, 주어진 강조나 억양, 문장에서의 휴지, 전달 속도, 소리의 크기, 목소리의 고저 등과 같은 비언어적 요소를 '준언어'라

부른다. '알았어!' 와 같은 짧은 문장의 예가 수많은 다른 감정을 표현할 수 있다. '알았어!' 와 같은 짧은 문장이 화, 좌절, 단념, 흥미의 결여, 동의, 도전과 같은 여러 감정 중의 하나를 '의미' 할 수 있다.

"그걸 하게 되어 정말 기쁘다."
"하긴 하는데 나중에 한다."
"너는 언제나 네가 원하는 것을 나에게 시킨다."
"좋아, 네가 이겼어."
"걱정 마, 신경 쓸게."
"네가 그렇게 입 다물고 있으니 내가 하는 게 낫겠어."

함축된 의미가 어떤 것이냐는 목소리의 음색, 억양, 각 단어들에 주어진 강세의 의해 결정된다. 그 문장의 의미는 단어 자체에만 있는 것이 아니라 단어에 항시 수반되는 목소리 표현, 혹은 준언어에도 있다.

직접 구성 성분 [直接構成成分, immediate constituent]

문장이나 구에서 각 단어들의 상호 관계가 서로 다른 화계의 명칭을 가지고 작용하는 성분.

직접 구성 성분은 구조주의 언어학에서, 둘 이상의 형태소가 결합하였을 때 그 구성을 직접 구성하고 있는 요소이다. 예를 들어 '동규가 신문을 보았다.' 의 경우 첫째 단계에서는 '동규가' 와 '신문을 보았다' 가 이에 해당되며, 둘째 단계에서는 '신문을' 과 '보았다' 가 그러하다.

직접 구성 성분 분석은 어떤 구조체를 직접 구성 성분 분석으로 분할하여 최초의 구성 성분에 도달할 때까지 순차적으로 그 조작을 반복함으로써 그 구조체의 통어 관계를 명백하게 하는 것이다. 직접 구성 성분 분석의 일반적 원칙은 구성 성분이 최대한 자유롭게 나타날 수 있도록 구조체를 분할하는 것이며 분할의 기준은 분할된 구성 성분이 모델이 될 수 있는 기본적인 구조체의 구성 성분과 대체가 가능한가에 두며 확장이라는 개념을 도입하면 된다.

예 1) 그녀의 음식에 대한 대단한 관심
직접 구성 성분 ⓐ [[[그녀의-음식에] 대한] [대단한-관심]]
ⓑ [그녀의 [[음식에-대한] [대단한-관심]]]

예 1)의 경우 첫째 단계에서는 '그녀의 음식에 대한' 과 '대단한 관심' 이 이에 해당되며, 둘째 단계에서는 '그녀의 음식' 과 '대한' 이나 '그녀의' 와 '음식에 대한' 이 그러하다.

예 2) 게으른 토끼와 거북
직접 구성 성분 ⓐ [[게으른-토끼]와 거북]
ⓑ [게으른 [토끼와-거북]]

예 2)의 경우 첫째 단계에서는 '게으른 토끼' 와 '거북' 이나 '게으른' 과 '토끼와 거북' 이 그러하다.

창조성 [創造性, creativity]

어휘 수에 제한이 있더라도 무한한 수의 새로운 단어를 만들고 새로운 문장을 창조해 낼 수 있는 언어의 성질.

인간은 배웠거나 들어본 적이 있는 문장을 기억해서 그대로 사용하는 것이 아니라 상황에 따라 무한히 많은 새로운 문장을 만들어 낼 수 있다. 인간의 언어는 어휘 수에 제한이 있더라도 무한한 수의 새로운 단어를 만들고 새로운 문장을 창조해 낼 수 있는데, 이것을 창조성이라 한다. 외국 고급 명품이나 문화를 좇는 허영심 가득한 여자를 말하는 된장녀, 멋부릴 줄 모르고 궁

상떠는 남자를 일컫는 고추장남 등이 그 예이다. 또한 요즘 굉장한 사회적 이슈로 떠오르고 있는 UCC도 그 예 중 하나인데 User Created Contents 즉, 사용자 제작 콘텐츠를 뜻하는 신조어로서 개인적으로 직접 만든 저작물(영상, 사진, 심지어는 번역된 자막이나 지식iN에 올려진 답변 등을 모두 포함하는 콘텐츠)들을 일컫는다. 이렇게 인간 언어는 굉장히 유연하고 생산적일 뿐 아니라 빠르게 급변하는 사회상을 가장 잘 반영하는 개체임을 알 수 있다.

청취 [聽取, listening, hearing]

귀로 음성 소리를 듣고 식별하는 것.

언어 교육학 범위에서는 청취에 대하여 주로 청취력을 말하는 것이다. 전통적인 관점에서 청취력이란 주어진 언어 자료를 받아들이는 수동적인 능력으로 간주되어 왔다. 하지만 Rivers는 이러한 인식에 대해 반발하여 청취력을 '귀에 들리는 음성 자료로부터 의미를 창출해 내는 창조적인 능력' 이라 정의하였다. 즉, 청취력이란 단순히 소리를 식별하는 것뿐만 아니라 청취한 내용을 기억하고 또 청취한 내용에 대한 이해가 동시에 이루어지는 것을 말한다. 다시 말해, 청취력이란 단순히 귀에 와서 닿는 소리를 인식하는 정도의 수동적이고 수용적인 기능이 아니라, 화자가 의도하는 바를 파악하기 위해 언어적, 비언어적 지식을 적극적으로 활용해야 하는 능동적이고 창의적인 기능인 것이다.

일반적으로 듣기 능력(hearing)과 청취력(listening)을 혼용하여 쓰는 경우가 있는데 Widdowson은 수동적인 듣기(hearing)와 능동적인 듣기(listening)로 구분하였다. 그는 능동적인 듣기에 대해서 다음과 같이 정의하고 있다.

청취는 문장들이 상호작용 하에서 어떤 기능을 하는지, 사용의 예로서 어떤 의사소통의 가치를 가지는지에 대한 인식의 행동이다. 따라서 이런 의미에서 청취는 말하기의 수용적인 또 다른 한 면이며, 청각매체뿐만 아니라 시각매체에도 동시에 의존한다.

다시 말해 능동적인 듣기는 언어뿐만 아니라 시각적인 것에도 의존하면서 이해하여 의사소통을 하게 되는 단계의 듣기 활동이란 주장이다. 알지 못하는 언어를 들었을 때는 의미를 이해하지 못하고 그 언어의 음운이나 언어의 배열 순서인 문법 체계만을 인식하게 되는 반면에 아는 언어로 내용을 듣는다면 의미를 받아들이면서 의사소통 과정에 참여하기 때문에 능동적인 듣기는 적극적인 활동인 것이다.

이처럼 능동적인 듣기 능력은 소리를 단지 인식하는 단계에서 나아가 이해하는 활동으로 이어지기 때문에 하나의 독립된 적극적인 활동이라고 할 수 있다. 따라서 언어 기능으로서의 청취력이란 하나의 독립된 기능이기 때문에 능동적 듣기와 같은 의미이다.

그리고 Chastain(1971)에 따라서 청취력을 비교적 세 가지 단계로 나눌 수 있다. 첫 번째 단계에서 언어의 특정한 음성이나 억양의 패턴(pattern)을 구별하고 두 번째 단계에서는 구두로 전해진 메시지(message)를 감식하며 세 번째 단계에서는 감식된 메시지를 기억 속에 유지하여 기억된 말을 이용하여 화자가 말의 내용을 전체적으로 해석한다고 단계별로 나누어 설명하였다.

통시 언어학 [通時言語學, diachronic linguistics]

언어의 어원론적 연구를 통하여 음운, 문법, 의미의 변화 과정을 연구하고 언어 간의 통시적 비교를 통하여 발생론적 상관 관계를 밝히는 언어학의 한 분야.

일정한 한 시기의 언어만을 연구하는 공시 언어학(共時言語學)과 비교하여 역사 언어학(歷史言語學)이라고도 한다. 이는 문헌을 단계적으로 검토하여 언어의 변천을 연구하는 것으로, 고대와 중세의 어원을 고찰하고 그리스어와 라틴어의 비교 연구, 세계 여러 나라의 언어의 뿌리에 관한 학자들의 추론에 바탕을 둔다.

통시 언어학을 뜻하는 diachronic의 어원은 'dia-'가 'caross'의 의미를 'chrons'는 'time'의 의미를 나타낸다. 즉 통시 언어학은 계기되는 여러 시대 언어의 변화해 온 모습을 종적으로 연구하여 그 변화의 양상과 함께 그러한 변화의 원리를 밝히려는 연구 방법이다.

통시 언어학은 19세기 인구어들의 체계와 음운 변화를 밝히려는 계기에서 발전한 것으로, '동태 언어학'(動態言語學, linguistics dynamic), '진화 언어학'(進化言語學, linguistics evolutive)이라고도 한다.

공시 언어학과 통시 언어학의 관계도 일반 언어학과 개별 언어학의 관계와 마찬가지로 양 연구 방법이 상호 보완적 관계를 형성한다. 그러나 엄밀히 따지면 공시적 연구가 통시적 연구의 기초가 되는데, 이는 언어 변화의 양상을 관찰하기 위해서는 각 시기에 해당하는 언어 자료에 대한 공시적 연구의 정립이 우선되어야 하기 때문이다.

통역 [通譯, interpreting]

서로 통하지 않는 둘 이상의 언어 구사자 사이에서 그들이 사용하는 말을 이해하여 그 뜻을 전해 주는 행위.

통역은 문자 언어를 시간을 두고 숙고하여 문자로 옮기는 번역과는 구별되는 개념이다.

Mikkelson은 통역이란 "하나의 언어에서 다른 언어로 구두 메시지를 실시간으로 전환하는 것"(2000:67)이라고 하면서, 하나의 언어에서 다른 언어로의 문자 메시지의 전환으로서 원천 메시지가 쓰인 지 몇 년 뒤에도 발생할 수 있는 번역과 구별하였다. 즉, "통역은 짧은 시간 내에 빠른 속도로 업무를 수행해야 하고, 번역과 달리 교정을 볼 기회가 없으며, 통역 단위의 수가 아주 적다"(1995:111-4)고 말한다.

통역을 말로 하는 번역이라고 흔히 얘기한다. 한 나라 언어를 다른 나라 언어로 옮기는 작업을 번역이라고 한다면 통역은 그것을 말로 하는 것이라는 설명이다. 통역에서는 연사의 독특한 더듬거리는 말투나 비문법적인 말, 그리고 다양한 얼굴 표정이나 손짓, 몸짓, 침묵 상태 등을 모두 주의 깊게 살펴서 통역 업무에 반영해야 한다.

통역의 분류

• 동시 통역 및 순차 통역

동시 통역은 통역사가 밀폐된 부스(booth)에서 화자의 발언을 휴대전화를 통해 들으면서 화자와 2~3초 간격을 두고 거의 동시에 자신의 앞에 놓인 마이크를 통해서 청중의 언어인 도착 언어로 메시지를 전달한다.

순차 통역은 회의 테이블 등 화자와 가까이 위치한 통역사가 원천 언어로 행해지는 연설을 들으며 내용 기록을 하면서 주의 깊게 청취한 다음, 연설이 끝난 직후 목표 언어로 내용을 전달한다.

• 연설 통역 및 대화 통역

동시 통역과 순차 통역으로의 구분 이외에도 화자의 숫자를 기준으로 통역을 국제회의에서의 연설 통역과 대화 통역으로 나눌 수가 있는데, 공공 기관에서 수행되는 통역은 주로 대화 통역 형태이다. 연설 통역에서는 연사의 일방적인 정보 전달 메시지를 청중들이 쉽게 알아들을 수 있도록 번역을 해서 전달하는 것이 통역사의 최우선적인 사명이다.

통합적 관계 [統合的關係, integral relationship]

하나의 언어 요소가 다른 언어 요소와 시간적인 순서를 가지고 연쇄적으로 결합할 때 생기는 관계.

언어 단위들 간의 관계는 크게 통합적 관계와 계열 관계로 나눌 수 있다.

통합적 관계는 결합 관계/수평적 관계라고도 한다.

예: 기쁘다, 마음/소식/일
재미있다, 잡지/얘기/사람
신나다, 노래/춤/음악

위에 제시된 것은 모두 통합적 관계라고 한다. 그중에 '기쁘다'는 어휘는 '마음, 소식, 일' 등과 호응할 수 있으므로 이때 '기쁘다'를 중심으로 하는 어휘장에는 '마음, 소식, 일' 등이 모두 통합적 관계를 형성할 수 있다.

'통합적 관계'는 한국어 교육, 특히 외국어로서의 한국어 어휘 교육 분야에서 많이 논의하였다.

외국어로서의 한국어 교육에 있어 한국어 어휘 교육은 전통적인 교수 방법은 주로 어휘를 일 대 일 번역하여 교수하고 있다. 그러나 유의어 등 계열 관계[22]에 속한 어휘의 경우에는 외국인 학습자들에게 변별하기 어렵다는 것이다. 또한 대부분의 사전에서 제시하는 유의어는 변별력이 없이 상호 교차 기술되고 있음을 확인하게 된다. 따라서 어휘의 계열 관계를 활용한 유의어 등과 같은 어휘 교육 방법은 큰 효과가 없음을 알 수 있다. 또한 학습자의 오류, 특히 중·고급 학습자의 오류 중에 문법적 오류보다는 어휘의 연어적 오류에 집중되는 양상을 보인다. 따라서 중급과 고급 단계에서 나타나는 많은 오류에 대한 최선의 교수는 문법적 교정보다 덩어리로 나타나는 어휘의 통합적 관계에 대한 교수가 더 중요하여 주목받고 있다. 이러한 통합적 관계에 대한 정보는 같은 유의어군에 속한 어휘들도 각각 달리 나타난다.

기쁨	~체언	부사~	~용언	굳은 표현
즐겁다	여행, 방학, 휴가	아주, 매우, 몹시	즐겁게 지내다, 보다	즐거운 비명, 즐거운 한때
홍미롭다	이야기, 일, 사람	매우, 아주, 몹시	홍미롭게 들리다, 보이다	

앞의 표를 보면, 이런 어휘 간의 통합적 관계를 통해 유의어라도 학습자가 변별할 수 있으므로 효과적인 방법이 된다. 또한 어휘의 통합적 관계에 따른 어휘 대조를 바탕으로 한 교수와 학습은 학습자의 오류 방비에 도움을 준다. 그뿐만 아니라 한국어 학습 과정에 특히 중 · 고급에서는 어휘의 통합적 관계를 통해 학습자 스스로의 학습 전략 개발이 유창성 확보에 도움을 준다고 할 것이다.

파롤 [parole]

특정한 개인에 의하여 특정한 장소에서 실제로 발음되는 언어의 측면.

스위스의 언어학자 Saussure가 사용한 용어이다. 파롤은 사투리, 어조, 높낮이 등의 말하는 사람의 일회적인 발언이다. 그렇기에 말하는 사람에 따라 달라지기 마련이다.

랑그(Langue)와 파롤(Parole)은 구조주의 언어학의 시초인 Saussure가 처음 사용한 낱말들로, 변하지 않고 본질적이며 사회적인 언어 체계를 랑그라고 하였고 비본질적인 언어 체계를 파롤이라고 불렀다. 랑그와 파롤은 서로 상반되지만 서로 상호 보완적으로 작용하며, 기표와 기의의 관계를 지녔다는 특징을 지녔다.

언어는 다른 사람과의 의사소통이기 때문에 서로 공통된 규칙이 존재한다. 여기서 우리가 '개별적' 으로 대화하는 것을 파롤, 공통된 문법이나 낱말들에 존재하는 서로 간의 규칙으로 고정적인 것을 랑그라고 한다. 가령 사람들은 공통적인 '살다' 라는 낱말을 인식할 수 있는데 이를 랑그라고 볼 수 있고, 실제 대화할 때 상황에 따라 '살다' 는 조금씩 다른 느낌을 줄 수 있는데, 이를 파롤이라고 볼 수 있다. 같은 말이라도 상황이나 억양에 따라 받아들이는 뜻이 달라지는 것도 이 파롤 때문이다.

랑그와 파롤의 관계는 기표와 기의로 설명할 수 있는데, 낱말들의 음성을 나타내는 기표와 낱말들의 개별적인 뜻을 나타내는 기의의 결합으로 개개의 낱말들이 자의적인 차이를 나타내는 것이다. 여기서 자의적이라는 것은 기표와 기의의 결합은 필연적인 것이 아닌 것을 나타낸 것이다. 예를 들어 책상이라는 낱말에서 기표인 /책쌍/과 기의인 '그 뜻' 은 필연적으로 결합하여 '책상' 이라는 낱말이 된 것이 아니라는 것이다. 다만, 한국어 내부에서는 /책쌍/은 오직 하나의 기의와 결합하여 쓰이는데, Saussure는 이것을 자의적 필연성이라고 한다.

포합어 [抱合語, incorporating language]

문장을 구성하는 요소가 밀접하게 결합되어 마치 전체 문장이 하나의 단어를 이루는 것처럼 보이는 구조의 언어.[23)]

언어 유형의 하나로, 언어를 그 형태적 구조에 따라 분류하면, 고립어(孤立語), 굴절어(屈折語), 교착어(膠着語), 포합어(抱合語)로 나뉜다. 포합어에는 아이누어 · 에스키모어 · 바스크어 · 아메리카인디언어 등이 있다. 에스키모어나 아메리카인디언의 언어와 같이 문장을 구성하는 요소가 밀접히 결합되고, 문장이 그대로 단어로 인식되어, 단어와 문장이 구별되지 않는 언어는 포합어이다.[24)] 중국어와 같이 어형 변화가 없고, 문법적 기능이 주로 어순에 의하여 표시되는 언어는 고립어(isolating language)이다. 한국어 · 터키어와 같이 문법적 기능이 접사(接辭, 주로 접미사)에 의하여 표시되는 언어는 교착어(agglutinative language)이다. 셈어나 인도유럽제어와 같이 어형이 변화하여 문법적 기능을 표시하는 부분이 교착어에서와 같이 쉽게 분석되지 않는 언어는 굴절어(inflectional language)이다.

포합어는 형태론적으로 분화가 뚜렷치 않은 구문상의 미분성을 지니고 있는 언어 형태이다. 따라서 포합어의 문법 체계는 그 단어 구조 속에서 간접적으로 살필 수가 있다. 대개 포합어는 접사로 된 의존 형태소가 서술어와 기능을 가진 단어의 앞과 뒤에 결합되면서 표시된다.

필연성 [必然性, necessity]

언어의 형식인 음성과 언어의 내용인 의미 사이에 맺어진 1:1의 특별한 관계.

어떤 사물의 추이에 대하여 그 이외에는 있을 수 없는 그 추이의 성격이 필연성이며, 이는 우연성과 대립한다. 철학사에서, 형이상학적-기계적 유물론은 인간을 포함하여 전 세계를 거대한 기계로 간주하고, 거기에는 인간적 필연성만이 지배하고 있다고 보았다. 거기서 우연성은 객관적으로 존재하는 것이 아니며, 우연이라 보이는 것은 아직 그 인과 관계를 통찰할 수 없는 인간 측의 무지(無知)에 의한 것이기 때문에 주관적으로밖에 존재할 수 없다고 하였다.

기계적 인과성과 다른 한층 높은 범주로서 필연성을 생각한 Hegel은 필연성이라는 것은 존재하는 것의 내적인 본질이 스스로를 현실성으로서 전개해 가면서 자기 자신을 확증해 가는 과정, 가능성이 현실성으로 전환하는 과정이라고 하였다. Hegel의 이 사상을 유물론의 입장에서 받아들인 변증법적 유물론은 필연성을 객관적 실재, 즉 자연 및 사회의 자기 발전 운동에 보이는 내적인 본질로부터 나온 객관적 법칙성, 질서 구조로서 파악한다. 이러한 이해에 서서 보면 우연성이라는 것은 그것이 틀림없이 생겨난 것이지만, 마찬가지로 생기지 않아도 된다고 말할 수 있는 경우이다. 물론 모든 우연은 원인을 갖고 있으며 인과적으로 조건 지어져 있고 객관적 성격을 갖는다.

필연성과 우연성은 서로 대립하는 것이지만, 또한 그들은 서로 결합되어 있으며 한 쪽이 없으면 다른 쪽도 또한 없다. 필연성은 이 결합에서 일반적인 것이며, 절대적 보편적인 여러 현상의 결합을 이루고 있고 어떤 현상이라도 그것이 갖는 내적 필연성에 의해 생겨나지만, 현상의 생기(生起)는 다수의 외부적 조건과의 연관 속에서 이루어진다.

확장 영역[擴張領域]

교육의 관련성을 고려하여 지도하는 영역의 확장.

형태 기반 확장이라면 동일 접사나 동일 어기에 의한 확장으로 불(不), 부(否), 비(非) 등의 부정 의미에 의한 확장이 있으며, 그에 따른 의미 기반 확장으로도 볼 수 있다. 접두사를 부가하여 새로운 어휘를 도입하는 방법인 어형 변화를 통한 지도 방법으로 볼 수 있다.

또한 의미 관계에 따라서 어휘는 유의어, 반의어, 다의어, 동음이의어, 이철자동음이의어 등으로 구분할 수 있는데 한 단어를 배울 때 그 단어의 유의어, 반의어, 다의어 등을 찾아서 같이 학습할 수 있게 하여 쉽게 기억할 수 있도록 도모하는 것이다.

---

1) 김성규 · 정승철(2005:3~4) 참조.
2) 예를 들어 우리말의 된소리를 적을 수 있는 기호는 만들어져 있지 않다.
3) 이문규(2004:64~65) 참조.
4) 1993년에 개정한 것을 번역한 국제음성기호 도표는 배주채(2003:338), 이문규(2004:65) 참조. 국제음성기호와 한글 대조표는 김두한(2000:88) 참조.
5) 언어 유형론적인 면에서 볼 때 국어는 교착어라는 사실이 늘 강조되곤 하였다. 따라서 굴절어들에서 나타나는 어미들을 굴절어미라고 한다면 국어와 같은 교착어에서 나타나는 어미들은 당연히 교착어미라고 부르는 것이 타당할 것이다. 그러나 여기서는 편의상 그동안의 국어학의 관례에 따라 굴절어미라는 용어를 그대로 사용하기로 한다.
6) 굴절형이 독자적으로 의미 변화를 겪은 예로서는 '싸구려, 그러나, 하물며……' 등을 들 수 있을 것이다.
7) 일종의 '사회적 사실'로서 국어 및 역사상의 개별어라는 개념의 언어를 말한다. 한 사회의 구성원이면 누구나 알고 있는 공통된 기호 체계이기 때문에 마치 공동 계약을 통해 약정된 것처럼 보인다. 랑그는 모든 사용자의 의식에 잠재하고 있는 실체이며 그 실현을 위해서는 파롤 행위가 반드시 필요하다. 송완용(1996), 『언어학기초이론』, p.50.
8) 언어 행위인 발화 행위와 이러한 행위의 산물인 발화를 가리킨다. 송완용(1996), 『언어학기초이론』, p.51.
9) 분포란, 한 언어적 단위가 현존할 수 있는 모든 방식들의 총합을 의미한다. 모든 현존 방식들은 매우 주도 면밀하게 분석되었으며, 주어진 맥락이 본질적으로 변화될 필요 없이 어떠한 언어적 단위가 어떠한 다른 단위 대신에 등장할 수 있는가가 대치 방법에 의해 확인되었다. 이성준(1994), 『국어학개론』, p.116.

10) 강신성 외(1994) pp.192~193.
11) 김진우(2001:414~416) 참조.
12) [출처] 방언 [方言, dialect] | 네이버 백과사전
13) 이익섭(2006), 『방언학』, 민음사.
14) 김재정(2010), 『재정국어』, 웅진패스원.
15) 2009 국가직 9급.
16) 합리론(rationalism)이란 진정한 인식은 경험이 아닌 생득적인 이성에 의하여 얻어지는 것이므로, 인식은 이성에 바탕을 두어야 한다는 사상이다.
17) 박덕재(2007), 「외국어로서 한국어 교육의 성별 언어의 문제와 교사의 인식에 관한 연구」, 『인문사회과학 논문집』, No. 37.
18) 황세정(2007), 「텍스트 유형과 텍스트성에 따른 번역 방법 연구」, 세종대학교 박사학위논문.
19) 정병경(2008), 「초정 김상옥 시조 연구 : 텍스트 언어학적 분석을 포함하여」, 경원대학교 석사학위논문.
20) Robert A. de Beaugrande, Wolfgang U. Dressler 저, 1991, 김태옥 · 이현조 역, 『담화 · 텍스트언어학 입문』, 양영각, p.9.
21) 시니피앙은 Saussure의 기호 이론에서 말이 소리와 그 소리로 표시되는 의미로 성립된다고 할 때, 소리를 이른 프랑스어이고, 시니피에는 말에 있어서 소리에 표시된 의미를 이르는 프랑스어이다. 쉽게 말하면, 시니피앙은 소리, 기표를, 시니피에는 의미, 기의를 말한다.
22) '시골 풍경' 이라는 말에서 '시골' 과 '풍경' 은 통합적 관계를 이룬다. 한편 '시골' 은 그 대신에 '농촌', '도시', '서울' 등의 말로 대치될 수 있으므로, 그러한 말들과 계열 관계라고 한다(한재영 외, 2010:64).
23) 네이버 백과사전, http://100.naver.com/100.nhn?docid=182417.
24) 네이버 백과사전, http://100.naver.com/100.nhn?docid=110266.

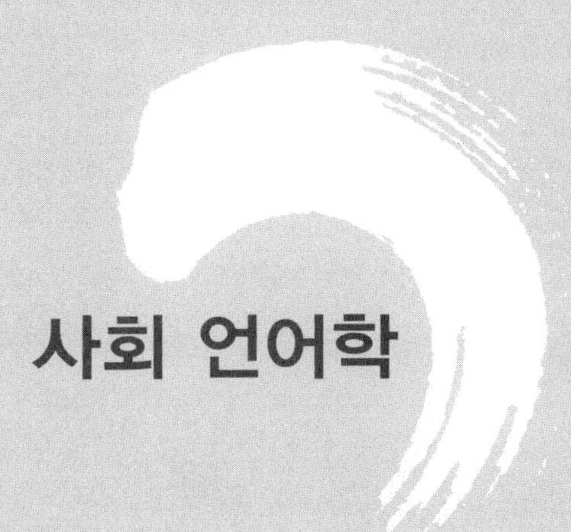

사회 언어학

공손성 [politeness]

음성 언어 의사소통에서 상대방에게 부담을 적게 주고, 상대방을 존중해 주는 표현과 태도.

공손성의 원리는 언어가 정보를 전달하는 기능 이외에 의사소통 참여자 사이의 사회적 관계 형성에도 기여한다는 것에 근거하여 설정된 것이다.

(1) 책 빌려줘.

(2) 책 좀 빌려 줘.
책 좀 빌려 주세요.
책 좀 빌려 주시면 고맙겠습니다.
미안하지만 책 좀 빌려 주시면 좋겠어요.

(3) 그 책을 꼭 읽어야 하는데…….
책 사러 갈 시간이 없네.

(2)의 표현은 (1)보다 상대에게 부담을 적게 줌으로써 더 공손한 표현이 되는 것이다. 또 체면 손상 행위를 범할 경우 (3)과 같이 간접적으로 표현하는 것이 가장 상대에게 부담을 적게 주는 것이 되어 공손성의 원리를 준수하는 것이 된다.

공손성의 원리가 효과적인 인간 관계를 형성하고 유지할 수 있는 것은 이것이 바로 인간의 내적 욕구를 충족시켜 주는 행위이기 때문이며 공손성의 원리는 좋은 인간 관계 형성이라는 사회적 기능뿐만 아니라 언어 표현의 효과성도 만족시킨다. 그러나 의사소통 참여자 사이의 인간 관계에 맞지 않는 지나친 공손함은 오히려 상대를 향한 빈정거림의 표현이 되므로 의사소통의 걸림돌이 되기도 한다.

과일반화 [過一般化, over-generalization]

제한된 자료를 근거로 일반적 규칙을 도출하려는 성향.

몇 개의 고립된 사건에서 일반적 규칙을 추출해 내고, 그것을 관련 없는 상황에까지 광범위하게 적용하는 것이다. 인지 왜곡으로 보기도 한다.

오류 분석적 가설 입장에서 본다면 과일반화 현상은 대부분의 학습자가 학습 부담을 덜려는 과정에서 발생하는 현상으로 설명한다. 나이가 어린 아이일수록 모국어를 배울 때 기억하기 어려운 경우나 복잡한 언어 규칙을 생략하려는 경향이 있다고 한다.

나이와 언어 [age and language]

나이에 따라 언어 변이와 언어 변화가 발생한다.

어떤 언어 집단 내에서 그 집단을 이루는 구성원들이 사용하는 말에서 동일한 대상이나 사물에 대하여 공시적으로 둘 이상의 어형이 공존하면서 둘 이상의 어형이 함께 사용되는 것을 언어 변이라고 하고 이렇게 진행 중인 변이가 완료된 결과를 언어 변화라고 한다. 언어 변이를 연령과 관련지어 살펴보려면 두 가지 측면에서 관찰할 필요가 있다. 하나는 세대 차이(generation difference)에 의한 언어 차이이고, 다른 하나는 연령 단계(age-grading)에 의한 언어 차이이다. 둘 다 연령 차에 의해 구분되는 것이지만 전자는 신세대 또는 청소년층 세대에 의해 언어가 새로워지고 그 때문에 언어 변화를 초래할 때 사용되는 개념이어서 기성세대와 신세대, 또는 노년층 세대와 청소년층 세대와 같이 세대 간에 언어 차이를 보이는 것이고, 후자는 한 개인이 나이에 걸맞은 언어 형식을 사용함으로써 생기는 언어 차이로서 어릴 때는 어린이다운 언어 형식을 쓰다가 어른이 되면 나이에 걸맞은 어른다운 언어 형식으로 바꾸어 쓸 때 사용되는 개념으로 연령 단계에 따른 언어 차이라고 한다.

다중 언어 [多重言語, multilingualism]

다중 언어는 여러 개의 언어가 공존하는 것.

한 나라, 사회, 웹사이트 등에서 여러 개의 언어가 동시에 사용 가능한 상황이다. 예를 들어 캐나다에서는 영어와 불어를 같이 사용하고, 인도는 힌디어, 영어와 기타 21개의 언어를 같이 사용한다.

요즘에는 국제화로 다중 언어를 구사하는 것이 하나의 역량이 되고 있다. EU에서는 '모국어+2' 프로그램을 사용하여 회원국으로 하여금 가능한 조기에 모국어 이외의 2개 언어를 사용할 수 있도록 교육할 것을 장려하고 있다. 이는 유럽의 시민들이 사회의 모든 영역에서 서로 간에 의사 교환을 원활히 할 수 있도록 모국어 외의 2개 외국어로 대화할 수 있는 능력을 갖추게 하는 것이다. 언어 소통의 어려움을 해소해서 경제 공동체 EU의 경제적인 효율성을 높이고자 하는 의도이다.

레지스터 [register]

장면(場面), 상황 등에 의해서 변하는 언어 변이를 총칭하는 용어.

방언은 언어의 실질성에 관여되지만, 언어 사용역은 언어의 형식에 관여된다.

언어가 사용되는 분야가 달라지면 어투, 표현 및 문법 등의 계층에서 형식상의 차이가 나타남을 보여 준다. 어휘에 있어서도 'tablespoonful' 은 요리나 약국의 처방에서 'neckline' 은 양재에서 사용하는 전문 용어로서, 각각 분야의 화제에서 빈번히 오르내린다. 과학 논문에서 볼 수 있는 전문 분야의 영어에는 그 나름의 문법적 특징이 존재한다. Catford(1965)가 지적한 바와 같이 과학 논문의 영어는 전문 용어가 많은 것은 물론이려니와, 영어 전체의 구문 중 30% 내지 50%가 수동문을 점유한다. 또한 객관적인 보고를 필요로 하기 때문에 I, he, She 따위 인칭대명사의 사용이 적다. 과학 영어와 일상 영어에서 통사적인 차이를 볼 수 있는 점은, 전자가 감정적 요소를 배제하거나 논리성을 추구하는 분야인 것과도 관련된다.

언어 코드는 사회, 민족, 문화를 나타내는 상징이기 때문에 같은 언어 코드를 쓰는 것은 친밀감과 결속력의 표현이기도 하다. 예를 들면, 아버지가 집에서 가족이랑 이야기를 하다가 갑자기 상사 혹은 거래처로부터 전화를 받을 때 목소리와 말투가 달라지는 것을 들 수 있다.

링구아 프랑카 [lingua franca]

공통 언어가 없는 집단이 서로 의사를 전달하기 위해 쓰는 보조 언어.

한 사회 내에서 여러 가지 언어가 사용될 때 언어가 다른 사람들끼리 서로 의사소통하기 위해 통상적으로 사용하는 언어를 '링구아 프랑카' 라고 부른다. 다언어 사회에서는 언어적 경계를 넘어서는 의사소통 수단을 택하는 것이 실제 생활에서 중요한 가치를 가진다. 사람들이 소통하기에 수월한 언어를 사용하려고 한다. 이를 위해 채택되는 공통어는 링구아 프랑카로 작용한다. 예를 들면, 탄자니아에서는 스와힐리어가, 서아프리카에서는 하우사어가, 파푸아 뉴기니에서는 톡피진이 링구어 프랑카이다. 예전 소련 연방 시대에는 러시아어가 링구아 프랑카였고, 아랍 국가들에서는 고전 아랍어가 링구아 프랑카이다. 링구아 프랑카라는 용어는 십자군 시대에 레반트 지방에서 사용되던 프로방스어를 중심으로 한 공통어에서 유래하였다. 중세 시대에 십자군과 상인들이 남부 프랑스어와 이탈리아어를 바탕으로 해 지중해 동쪽에서 발달시킨 특수어나 피진어를 가리키는 것에서 유래한다. 르네상스 이후 유럽인들이 세계 각지를 탐험했는데, 그렇게 서로 접촉하면서 생긴 언어가 공통어가 되곤 했다. 그 예로서 스리랑카 섬의 인도포르투갈어, 인도차이나 반도의 안남프랑스어, 쿠라사오 섬에서 쓰는 스페인어를 바탕으로 한 파피아멘토어, 그리고 몇 가지 유형의 피진 영어를 들 수 있다. 이런 언어들은 유럽 식민지 국가들의 언어에 기초를 두고 있다.

민족지학 [民族誌學]

민족학 연구와 관련된 자료를 수집 · 기록하는 학문. 어느 특정 사회에 대한 기술적 연구나 그 연구 과정.

민족지학이라는 용어 대신에 민족학과 민족지를 구분하여 사용하기도 한다. 민족학 연구와 관련된 자료를 수집 · 기록하는 학문을 민족학으로, 어느 특정 사회에 대한 기술적 연구나 그 연구 과정을 민족지라 일컫기도 한다.

주로 잘 알려지지 않은 민족의 생활 양상을 조사하여 인류 문화를 구명하는 자료로 이용하는 학문을 일컫는다. 사회학자, 교육 연구학자, 문화 인류학자 그리고 다른 사회과학 연구자들이 시골이나 도시, 세계나 지역적인 어떤 실제적인 배경 안에 있는 한정된 그룹의 사람들에 대해 연구하는 것으로 여겨진다. 민족지학은 변화하는 학문이다. 민족지학의 특징으로 연구자들이 많은 시간을 참여자들 관찰을 통한 연구 중의 그룹들과 함께 보내는 것, 메모가 중요한 자료의 원천, 연구는 연구가 이루어지는 실제라는 배경 안에서 이루어진다. 그룹 내의 삶의 맥락화된 관점을 세우려고 하는 등의 특징을 가지고 있다. 현대 민족지학 연구는 거의 전적으로 현지 조사에 기초를 두고 있으며 연구 주체인 인류학자가 연구 대상이 되는 민족의 문화와 일상생활에 완전히 몰입할 것을 요구한다.

한국어 교육에서 예를 들자면, 터키인, 중국인이 한 교실에서 한국어를 수강하게 되었다면, 터키인의 학교 생활과 중국인의 학교 생활을 비교 관찰하고, 그들의 회화나 작문의 산출물을 수집하고, 수업 상황을 메모하고, 이를 분석하는 것이 민족지학이다.

사회 계층 [社會階層, social stratification]

한 사회 안에서 재산, 교육, 직업, 주택, 명성 등의 기준에 의하여 구별되는 집단.

상류층 · 중류층 · 하류층 등으로 나뉘며, 계층별로 특유한 생활 태도나 의식 · 관습을 공유하게 마련이다.

사회 계층은 우리나라 과거의 신분 제도, 인도의 카스트 제도, 영국의 작위 제도 등 사회적 고정 관념으로 받아들이기도 하고 초고속 무선 전산망으로 연결되어 있는 현대 사회에서는 사회 계층에 대한 전통적 개념이 다소 희석되기도 한다. 현대 사회에서 사회 계층에 따른 언어의 사용은 상황 유동적이어서 변이형이 다수 사용된다. 흔히 복장이나 호칭, 경어법을 보면 우리 사회에서의 사회 계급의 층위화는 인간의 제도권에서는 피하기 어려운 사회적 구조라고 생각된다. 언어 연구에서 사회 계층을 분류하기 위해서는 여러 가지의 지표가 사용된다. 그리고 많은 연구자들은 계층의 분류에서 사회 경제적 지위를 중요한 척도로 삼고 있다. 사회 경제적 지위를 구분할 때는 그 사람의 직업, 수입, 교육 정도, 거주 지역 등이 활용되고 있다. 이때 소위 상류 계층에서 사용하는 언어가 표준어에 더 가깝다고 여기고 하층민들의 언어 혹은 지리적 방언을 비표준어로 인식하기도 한다. 표준어가 과거 사전과 책 등 문서를 통해 문자화되어 내려오기 때문에 그와 같은 역사를 갖지 못하는 방언 등은 상대적으로 표준어보다 뒤떨어진 하층민의 언어로 여기게 되는 것이다. 그러나 한 언어가 하층민이 사용하는 언어이든 아니든 그 언어 공동체 내에서 적절한 기능을 하고 있는 것을 볼 때, 표준어의 개념도 역시 사회적 인식에 바탕을 둔 자의적인 것이라고 볼 수 있다.

사회 계층이 상류층으로 올라갈수록 변이형의 정도가 줄어들고, 하층민 화자의 경우에는 언어 변이가 지역적으로도 큰 차이를 보여 주는 것을 알 수 있다. 소위 교육 받은 사람들의 표준 방언이 사회적으로 권위를 인정받고 있는데 반하여 하층민들의 비표준어는 부정적으로 여겨지기도 한다. 그러나 이것은 단지 표준어를 상류층이 더 많이 사용하게 된 것을 말해줄 뿐, 한 언어가 다른 언어에 비하여 더 열등한 언어라고 할 수는 없다.

사회 방언 [社會方言, regional dialect]

언어의 사회적 요인에 의해 변이가 나타난 방언.

사회 방언은 사회 계급이 다르든가, 연령이 다르든가, 또는 성별이나 인종 등이 다름으로써 어쩔 수 없이 생긴 사회적 거리에 의해 갈린 방언을 일컫는다. 즉 사회적 집단에 의해 형성된 방언이다. 사회 계층(계급), 연령(세대), 성별, 학력, 직업, 종교, 인종 등이 사회적 요인으로 작용한다. 예를 들면, 연령에 따른 사회 방언은 현실적으로 그 경계를 분명히 할 수 있는 것은 아니지만 개략적으로 '백부, 계씨' 등과 같이 옛 말이나 한자어 등은 장년층이나 노년층에서, '스타크래프트, 방가(반갑다), 울(우리), 담탱이(담임 선생님)' 등과 같은 외래어나 은어는 청소년층에서, '맘마' 등과 같은 말은 유아어에서 많이 쓰인다. 성별에 의한 언어 변이로는 방송이나 소설에서 남성은 '-습니다' 형을 많이 쓰는 반면, 여성은 '-요' 형을 많이 쓴다는 것이 확인된 바 있다.

성과 언어 [性과 言語, gender and language]

성에 따라 사용하는 언어의 양상이 다르다는 견해.

어린 시절과 청소년 시절에 걸쳐 성에 적절한 언어학적 행위를 배우며, 이것이 동일성의 일부가 되면서 성별 언어 차이가 형성되는 것으로 보고 있다.

언어학에서 성(gender) 문제는 전통적으로 문법 범주의 성 범주가 주된 관심사였다. 그런데 20세기에 들어 인종, 성별 등에 관심을 둔 인류 언어학이 발달하고 특히 사회 언어학이 발달하면서 성별 언어에 대한 관심의 폭이 넓어졌다.

성별 언어는 성별 방언 또는 성별어로도 부르는데 주로 남녀 언어의 어휘, 음운, 통사, 대화상의 차이, 즉 성 차이어를 다루었다. 남녀 화법의 차이를 어휘 면과 화제 면에서 살펴보면, 남성은 거의 직장 일이 대화의 주된 화제라 전문 용어를 많이 사용하고, 여성은 직장에서도 가사, 육아 관련의 화제를 많이 선택하여 말하기 때문에 가사, 육아 관련 어휘를 많이 사용한다. 시사 면에서 남성은 정치 이야기에 집중하지만 여성은 물건 값 이야기에서 싸게 산 이야기 등 가정 경제와 관련된 화제를 대화의 중심으로 삼는다. 건강 문제에 관하여 남성은 스포츠나 개인 건강, 정력 증진에 집중하지만 여성은 미용, 상대 외모(용모, 화장 이야기)에 집중한다. 오락에서도 남성은 스포츠나 운동 선수 이야기에 집중하지만 여성은 방송 연예나 연예인 이야기를 주 화제로 삼는다. 매체 이야기에서도 남성은 일간지나 스포츠지에 집중하지만 여성은 드라마를 중심으로 방송에 집중하는 편이다. 남성과 여성은 각각 관심사에 따른 어휘 사용의 차이를 보인다.

음운상의 차이에 대해서 살펴보면, 여성이 남성보다 더 높은 소리로 말한다거나 기복이 심하고 상승어조를 많이 사용하는 편이라는 특징을 가진다. 통사 상의 차이에 대해서 살펴보면, 남성은 서술문을 선호하고 여성은 의문문을 선호한다. 또 남성은 직접적인 표현을 선호하고 여성은 간접적인 공손 화법을 선호한다고 논의되어 왔다. 높임법에 있어서도 남성은 '~습니다' 를 여성은 '~어요' 를 선호하며 동등한 관계에서의 물음에서도 남성은 '~하냐'를 여성은 '~하니'를 선호한다고 한다.

속어 [俗語, slang]

사회적으로 비격식적이고 덜 바람직하다고 여겨지는 일련의 어휘나 표현.

속어는 주로 사적인 상황이나 집단에서 통용되는 것으로 자기 우월성, 집단 폐쇄성, 의도의 강조, 친밀감의 표시, 대화의 탄력성 부여를 목적으로 사용된다. 교육을 받은 계층에서도 흔히 쓰인다는 점에서는 비어(卑語)와도 구별되고, 사용되는 범위가 넓다는 점에서는 은어(隱語)와도 다르다.

속어적인 특성은 발음이나 어조, 또는 문법적인 측면에서도 발견되지만, 특히 그것은 어휘면(語彙面)에서 가장 두드러지게 나타난다. 삥땅(부분적인 횡령행위)·공갈(거짓말)·사꾸라(한통속·야바위) 등에서도 곧 알 수 있듯이, 정식 대화에 쓰이는 언어나 문장어(文章語)로서는 선뜻 내키지 않지만 경우에 따라 문학 작품 등에서 그 신선한 어감(語感)의 효과를 계산하여 속어를 사용하는 수도 있다. 속어가 발생하는 경로 또한 다양해서 새로운 어형(삥땅의 경우), 기존 어휘에 덧붙여진 새로운 뜻(공갈), 외국어나 방언에서 차용(借用)하는 경우(사꾸라) 등 여러 가지 경우가 있다. 속어의 정의는 사람에 따라서, 또는 시대에 따라서 각각 다르기 때문에 그 명확한 정의를 내리기는 어려우나 실제로는 비어와 은어까지 광범하게 포함시키기도 한다.

양층 언어 [兩層言語, diglossia]

한 사회에서 두 개의 (보통 관련도 높은) 언어가 사용되는데 그중 하나는 상위 계층(주로 지배 계급 혹은 공식 문건)에서 사용되고 다른 하나는 하위 계층(주로 구어)에서 사용되는 언어 현상.[1]

한 특정 사회에서 사용되는 언어 환경의 상태를 의미하는 사회 언어학 용어이다. Diaglossia는 di-라는 둘(two)을 뜻하는 접두사와 glossia라는 언어 또는 혀를 뜻하는 두 요소가 합쳐진 단어이다. 즉 두 가지 언어가 한 사회에 동시 상존하고 있으면서 각각의 특별한 기능을 그 사회 안에서 수행하고 있는 상황을 뜻하는 것이다. 아랍어의 경우는 주로 공식적인 상황과 문학, 그리고 정규 교육에 쓰이는 고전 아랍어, 또는 문어체 아랍어(표준 아랍어)와 비공식적인 상황이나, 일상생활의 대화에 쓰이는 구어체 아랍어로 나뉜다. 즉 고전 아랍어를 근간으로 하는 문어체 아랍어와 다양한 구어체 방언들이 한 언어 사회에서 공존하고 있으며 아랍 세계의 이런 상황에 대해 아랍어 문법가들은 "언어 이중화", 서구 학자들은 "양층 언어 현상"이라 정의 내리고 있다.

양층 언어 현상에 대한 용어는 1902년 독일의 언어학자인 Krumbacher가 최초로 사용했다. 그러나 양층 언어 현상의 가장 명확한 개념을 정립한 것은 Ferguson이며 그가 diglossia라는 용어를 만들어 쓰면서부터 그 정의는 양층 언어 현상의 고전이 되었다. 그는 양층 언어 현상에 대해 "비교적 안정된 언어 상황으로서, 그 속에는 한 언어의 표준 방언 및 지역 방언을 비롯한 주요 방언들 이외에 매우 차이가 크고 고도로 규약화한 상층 변종이 존재하며 후자는 초기나 다른 언어 공동체의 문학에서 주로 사용되는 매개체이며, 정규 교육 과정을 통해 배우게 되고 대부분의 저술과 공식적인 목적의 대화에 쓰이지만, 일상 대화에서는 그 공동체의 어느 분야에서도 사용되지 않는다"라고 정의 내리고 있다. 그의 정의는 순수한 언어학적 정의가 아니라 사회 언어학적 정의이다. 언어의 변종이 서로 다른 구문 구조면에서 정의되지 않고, 의사소통의 기능면에서 "High"(상층)와 "Low"(하층) 간의 차이를 나타내며, 상층에 속하는 언어를 고전 아랍어, 즉 문어체 아랍어라 규정하고, 하층에 속하는 언어를 구어체 아랍어로 정의하였다.

언어 확산 정책 [言語擴散政策, language diffusion policy]

다양한 이유로 한 나라나 다른 사회적 집단들이 다른 사람들에게 자신의 언어를 가르치려는 정책.

언어 확산 정책은 몇 가지의 종류로 나뉜다. 우선 내적 언어 확산 정책으로 한 나라가, 국민들의 모국어가 무엇이든 관계없이 모두 국어를 배우고 사용해야 한다고 결정하는 경우이다. 두 번째 내적 확산이자 외적 확산 정책으로 지배 국가가, 피지배 국가 국민의 모국어와 상관 없이 모두 지배 국가의 언어를 사용해야 한다고 결정하는 경우이다. 예로는 일제 강점기에 일제가 우리의 언어인 한국어를 배제하고 일본어를 쓰게 한 것이 있다. 세 번째로 외적 확산 정책으로 자국어를 외국인들에게 보급하는 정책, 자국 문화, 언어를 외국인에게 보급하여 영향력을 확대시키고 국제적인 관심을 이끌어 낼 수 있는 정책이다. 우리나라의 언어인 "한글" 이 UN의 정책하에 언어가 없는 나라에 한글을 사용하도록 추천되는 것도 이 정책의 일환일 수 있다.

이중 언어 [二重言語, Bilingualism]

유창하게 상용하며 말할 수 있는 두 개 이상의 언어. 이중 언어는 제1언어인 모국어와 제2의 모국어를 말함.

국제화로 우리나라에서도 여러 나라의 언어가 사용되고 있기 때문에 이중 언어에 대한 관심이 높아지고 있다. 예를 들면, 한 아이가 한국인과 태국인이 국제 결혼한 가정에서 태어나서 어렸을 때부터 한국어와 태국어를 배우고 자랐고, 부모와 의사소통을 할 뿐만 아니라 끊임없이 교육을 받아서 두 언어를 유창하게 구사하였다면 이 사람은 이중 언어를 구사한다고 말할 수 있다. 이중 언어 교육(Bilingual Education)은 세계적으로 많은 국가에서 국가 정책적으로 시행하고 있다. 외국에서 이중 언어 교육이 활성화된 가장 큰 이유는 한 나라에서 2개 이상의 여러 언어가 사용되고 있기 때문이다. 다민족 국가 또는 식민지 경험이 있는 국가에서 비교적 활발하게 시행되고 있는 이유가 그 때문이다. 우리나라에서도 결혼 이민자, 외국인 근로자의 유입이 많아지면서 이중 언어 교육에 대한 관심을 기울이고 있다.

일상어 [日常語, vernacular]

어떤 나라의 세속에서 일상적으로 쓰는 언어.

일상어는 전문어와 대를 이루는 말이다. 일반적인 의사소통 상황에서 사용하는 언어를 일컫는다. 교육을 받는 자나 교육을 받지 않은 자나 나이든 이나 어린이나 쉽게 일상에서 사용하고 이해할 수 있는 언어이다. 한국어 교육에서는 누구나 쉽게 듣고, 말하고, 읽고, 쓸 수 있는 영역에 속하는 기초적인 어휘를 포함한 생활 한국어에서 다루고 있는 언어이다.

전문어 [專門語, technical term]

학문이나 기술의 각 분야에서 전문가들이 쓰는 특수한 용어.

학문상의 정의나 개념 또는 기술 분야에서 사용하는 기계·장치·공구 등의 명칭은 정확하고도 엄밀하게 표현해야 하므로, 일반 사회에서는 쓰이지 않는 특수한 용어가 발달하게 된다. 예를 들면 수학에서의 선분(線分), 전기 분야에서의 단락(短絡) 등이 그것이다. 일상어에서도 '듣기·말하기' 라는 표현을 사용하는데, '듣기·말하기' 라는 표현은 한국어 교육 분야에서 사용하는 전문어이다. 또한 일반어인가 전문어인가는 상대적인 개념일 수 있다. '듣기·말하기' 라는 표현보다는 '화법' 이나 '구두 의사소통' 이라는 표현이 더 전문어처럼 느껴지기도 한다.

한국어에 있어서 전문어는 외국어나 번역어가 많은 점이 특징이다. 의학에는 독일어, 음악에는 이탈리아어에 의한 어휘가 많다. 유럽은 각 분야의 전문어에 그리스·라틴어의 영향을 많이 받았다. 예를 들어, 커뮤니케이션(communication)이라는 말은 '나누다', '전달하다', '참여하게 하다', '관여·공유하다' 의 뜻의 라틴어 communicare에서 유래하였다고 한다. 근년에 이르러 각 분야별로 전문화·세분화가 이루어지면서 전문어의 난립이 눈에 띄며 학문의 교류나 기술 보급에 장애가 되어 전문어의 통일·수정·정리가 각 분야에서 진행되고 있다.

정교화된 부호[elaborated code]

어떤 주제에 대한 이해나 가정을 공유하지 않는 사람들도 알 수 있을 정도로 보다 더 명확하고 행간을 읽지 않아도 알 수 있도록 자상하게 된 언어적 부호. 공식적, 학술적 토론에 사용되는 것으로 화자의 개성을 부여하는 효능을 가지는 부호.

런던 사범대학 교육 사회학 교수 Bernstein의 부호 이론(code theory) 연구를 통해 1970년대 초반에 교육학과 언어학(특히 기능 언어학)에 알려진 개념이다. 언어 부호의 두 가지 유형을 정교화된 부호와 제한된 부호로 대별하고 있다. 정교한 부호는 공식적, 학술적 토론에 사용되는 것으로 화자의 개성을 부여하는 효능을 가지며 의미 전달로는 상황 독립적이고, 언어외적 상황의 특징에 의존하지 않는다.

사회 계층의 역할 시스템으로 설명하기도 한다. 중산층 계층에서는 길고, 복잡한 문장 표현, 일상적이지 않은 어휘나 사고를 나타내는 정교화된 부호로 의사소통하는 경향이 두드러지는 데 비해 노동자 계층에서 덜 공식적인 표현, 짧은 문장을 사용하여 제한된 부호로 의사소통하는 경향이 두드러진

정교화된 부호	제한된 부호
중류층	노동자 계층
문법이 복잡	문법이 단순
다양한 어휘	한결같은 어휘
복잡한 문장구조	짧고 반복적인 문장들
형용사와 부사의 주의 깊은 사용	형용사와 부사를 거의 사용하지 않음
수준 높은 개념화	수준 낮은 개념화
논리적	감정적
수식어의 사용	수식어를 거의 사용하지 않음
약호를 의식하고 사용	약호를 의식하지 않고 사용

다(Atherton, 2002).

정교화된 부호와 제한된 부호의 차이를 정리하여 표로 제시하면 앞의 표와 같다(Berger, 1997: 37).

제한된 부호 [restricted code]

어떤 주제에 대한 이해나 가정을 공유하지 않으면 알 수 없는 언어적 부호.

제한된 부호는 정교화된 부호에 비해 더 상황에 의존하게 된다. 예를 들면 지시대명사를 넣은 "그것을 좀 줘요."라고 했을 때 '그것' 이 가리키는 것은 화자와 청자가 어떤 상황에 있느냐에 따라 지시하는 바가 다를 것이다. 제한된 부호에서는 공유된 배경 지식, 공유된 이해를 끄집어내는 것이 관건이다. 그러므로 가족이나 친구 사이 등 비공식적 상황에서 사용되며 집단의 구성원임을 강조하는 효능을 가진다. 주로 많이 사용되는 특징은 대명사 특히 you, they의 사용 빈도가 높고 wouldn' t it?, aren' t they? 와 같은 듣는 이의 동의를 구하기 위한 부가 의문문을 많이 사용한다고 한다.

지역 방언 [地域方言, regional dialects]

공통어와 표준어와는 다른 어떤 지역의 특유한 단어나 억양 등을 포함한 한 언어의 하위 언어.

방언이 생기는 까닭은 우선 지역적으로 격리되어 있기 때문이다. 극단적으로 말하자면 한 사람의 화자(話者)와 한 사람의 청자(聽者) 간에도 지역적인 차이가 있다. 지역의 차이가 적을수록 방언의 차이가 적으나 이 지역의 차이라는 것이 반드시 지리적인 것만을 의미하는 것은 아니며, 정치적 · 문화적인 면도 고려된다.

따라서 지역이 갈라지는 것은 언어 사용자의 이동 등을 통하여 산 · 강 등의 자연 장애, 도로 · 해로(海路)가 없어지거나 정치적 행정적 구역, 통학 구역 · 시장권 · 혼인권 · 종파적 구획, 지역 사회의 폐쇄성 또는 고립성 등 여러 가지 원인이 있을 수 있다.

예를 들어 어머니에 대한 지역 방언을 들자면 오마니(평안), 제마(함북), 옴마이(황해), 어마씨(경북), 엄매, 엄머이, 오마씨(경남), 오모니(충남), 엄씨(전남), 오매, 우매(경상), 어머이(강원, 경상), 어멍(경남, 제주), 오마이(경남, 함남), 엄니(경기, 경남, 전남, 충남) 등이 있다.

코드 혼용 [code-mixing]

대화에서 하나 이상의 언어 혹은 방언을 사용할 때 그것을 동시에 사용하는 것.

코드 혼용은 주로 사용하는 언어가 있고 다른 언어가 주된 언어 속에 포함되어 사용되는 경우가 많다. 학자에 따라 코드 혼용(code-mixing)이라는 어휘 대신 코드 전환(code-switching)이라는 용어를 사용하기도 한다. 코드 혼용은 피진어의 발생과 유사한 면이 있다. 그러나 차이점이 있다면, 피진어는 공용어를 공유하지 못하는 집단에서 발생한 것이라고 한다면, 코드 혼용은 두 개 이상의 언어를 사용할 수 있는 다중 언어 환경에서 발생한다는 것이다.

코드 혼용의 예로는 번역이 되지 않은 개념들을 이용하여 학술 발표를 할 때 토씨 빼고 나머지를 모두 외국어로 채우는 발표자를 들 수 있겠다. '나는 커피를 마셨다' 라는 문장에서 커피를 [커피]라고 발음한다면 그것은 코드 혼용이 아니겠지만 /'kafi/라고 발음한다면 코드 혼용이다.

크레올 [creole]

공용어화한 '피진(pidgin)어'.

피진어란 서로 다른 언어를 사용하는 사람들끼리 의사소통을 하기 위해 사용하는 '임기응변적인 혼성어'이다. 피진어를 사용하는 범위가 확대되고 특히 피진어를 사용하는 부모와 함께 자란 아이들이 그것을 공용어로서 사용하게 되면, 나중에 크레올이 된다. 즉, 크레올은 피진어에서 출발하여 시간이 지나면서 완전한 문법적 체계를 갖추게 되고 어휘도 풍부해지게 되어 마침내 자연 언어로 정착하게 된 언어이다.

크레올은 피진어보다 음소(phoneme)의 수와 어휘의 수가 많아지고 문법이 복잡해지며 상황에 따른 문체(style)가 다양해진다. 하지만 모든 피진어가 크레올이 되는 것은 아니며 때로는 지역에 따라 피진어와 크레올이 공존하기도 한다.

피진어 [pidgin]

공통어가 없는 상황 하에서 나타나는 언어의 아주 기초적인 형태로, 주로 상거래에 사용되며 문법이 간략화되고 어휘가 극도로 제한된 언어.

다른 언어를 쓰는 사람들과 접촉 기간이 길어지면 잡종 언어(hybrid language)가 발달되는데 이것이 곧 피진어이다. 원래 영어의 business(상업)가 중국식으로 발음되어 피진(pidgin)이 되었다고 한다. 피진어는 주로 어느 한 언어가 지배적이고 그 외에 다른 언어들도 사용될 때 나타난다. 피진어는 신대륙 등 지리적 발견 이래 세계 각국에서 생겨났으며 현재도 멜라네시아 제도와 중국 연안 등지에서 사용된다. 예를 들면, 아메리카 대륙에서 노예로 끌려온 다양한 지역의 아프리카 사람들, 하와이의 사탕수수 농장에서 일하도록 몇몇 국가에서 데려온 노동자들 그리고 최근에 수백 개의 토착 언어를 가진 새로운 국가로 병합된 파푸아 뉴기니의 사람들 사이에서 나타나는 것으로 말이 안 통하는 주변 사람들과 이야기하기 위해서 발생한 '언어'가 피진어이다. 피진어는 최소한의 의사소통을 위해 발생했기 때문에 문법 요소가 아주 단순화되어 있고, 어휘와 기능 면에서 한정되어 있다. 피진어는 소수의 어휘를 포함하고 있는 투박하고 기초적인 언어로, 문법이라 할 만한 것은 가지고 있지 않다. 빈약하고 한정된 소통 체계이지만 단순한 용도에는 효과가 있으므로 누구든지 이를 배워 사용하게 된다. 그리고, 피진어를 만들어 사용하던 사람들의 다음 세대는 그 피진어를 모국어로 사용하게 된다. 점차 피진어는 단순한 단어의 조합에서 문법성을 갖춘 살아 있는 언어로 발전하게 된다. 이것을 크레올(creol)이라고 한다.

1) http://blog.naver.com/dollti?Redirect=Log&logNo=90011211977 양층언어현상의 정의

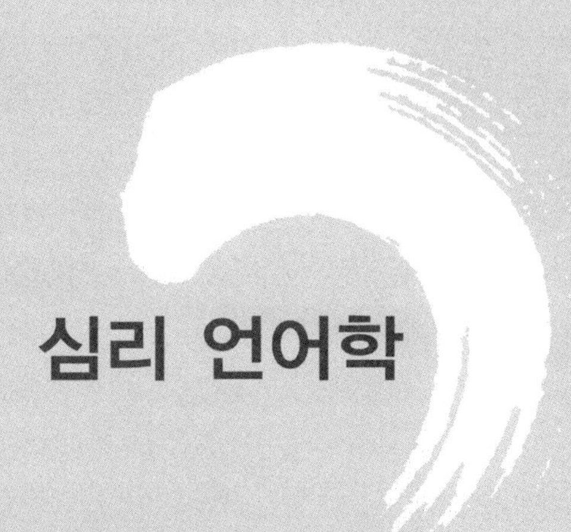

심리 언어학

개념적 사고 [槪念的思考, conceptual thinking]

추상적 사고로 분석적으로 문제를 해결하려는 인지적 과정.

일반적 용어로는 수평적 사고라고도 한다. 패턴이나 연계성, 문제의 이면에 있는 것 등을 확인하여 문제나 상황을 이해하려는 사고 능력을 일컫는다. 개념적 사고는 구체성이 없는 추상적 사고로 대개 현실과 동떨어진 관념적 사변에 치우친 사고를 가리킨다. 개념의 세계에는 실재와는 달리 완벽한 대립과 모순이 있다. 예를 들면, 낮과 밤의 개념은 대립된다. 그러나 실제의 낮과 밤은 대립하지도 않으며 하루라는 속성에 속할 뿐이다. 개념에 상응하는 실재는 개념과는 달리 언제나 변화 과정 속에서 파악되는 생생한 것이다. 따라서 개념은 반복적일 수 있으나, 실재 대상 세계에는 반복이라는 게 없다. 예를 들면, '실제의 나무'와 '개념으로서의 나무'는 전적으로 다르다. 실제의 나무를 생각한다면 그것은 언제나 날마다 새롭게 변화하며 생동감 있는 살아 있는 나무이지만 나무를 개념적으로 생각한다면 변화하지 않는 나무를 생각할 수 있다. 이처럼 개념적 사고를 하게 되면 구체적인 현실 속에 내재하는 공통적인 요소, 즉 추상적 개념을 가지고 생각을 하는 데에 익숙하게 된다. 따라서 이런 경우에는 대체적으로 정형화된 나름의 도그마와 같은 틀을 지니기 쉽고, 자신의 지니고 있는 사고나 규범을 따를 것을 강요하는 폐쇄적인 성향을 지니게 된다.

단기 기억 [短期記憶, short term memory : STM]

경험한 것을 수초 동안만 의식 속에 유지해 두는 작용.

최근의 심리학에서는 단기 기억과 장기 기억으로 나누어 생각한다. 예를 들면, 전화번호부에서 새로 본 전화번호를 전화 다이얼을 돌리는 동안만 보유하는 것은 단기 기억 작용이며, 이전의 자기 집 전화번호를 장기간에 걸쳐 기억하고 있는 것은 장기 기억 작용이다.

단기 기억에는 용량의 한계가 있는데, 숫자나 문자, 단어의 경우 약 7개 정도가 그 한계이다. 이러한 한계를 기억의 범위(memory span)라고 한다. 또 단기 기억은 유성(有聲)이든 무성이든 복창(復唱)하지 않으면 급속하게 감쇠하여 약 18초쯤 경과하면 거의 소멸되어 버린다. 소멸하기까지 그 일부만이 장기 기억이 되어 그 후 오랫동안 보유된다. 따라서, 복창을 반복하는 것은 장기 기억이 되는 비율을 높인다.

단어 유도 [單語誘導, priming]

시간적으로 먼저 제시된 자극이 나중에 제시된 자극의 처리에 영향을 주는 현상을 나타내는 심리학 용어.

선행하는 자극의 처리가 후속하는 자극의 처리에 영향을 미친다. 선행하는 자극을 점화 자극 또는 점화어라 하고, 후속하는 자극을 표적 자극 또는 표적어라 한다. 점화 자극이 제시되고 나서 표적 자극이 제시되기까지의 시간을 '자극 제시 시차' 라고 부른다. 예를 들면, table이라는 단어를 먼저 보여 주고 난 다음 tab를 보여 주고 그 다음을 채우게 하면 table이라고 대답할 확률이 미리 제시하지 않은 경우보다 높아진다.

의미적으로 연결된 단어의 경우에도 단어 유도 효과가 나타난다. 예를 들면, '의사' 와 '간호사' 같은 것이다. '의자' 는 '책상' 과 개념적 단어 유도 효과를 일으키는데, 이는 같은 부류에 속하기 때문이다.

두음 전환 [頭音轉換, spoonerism]

발화를 할 때 어휘의 첫 소리를 바꾸어 말하는 현상

1844년 7월 22일 런던에서 태어나 1930년에 작고한 Spooner는 옥스퍼드 대학 뉴칼리지에서 고대사 · 철학 · 신학을 가르치며 학장까지 지낸 성공회 성직자다. 한 번은 빅토리아 여왕도 끼인 만찬에서 그가 "For our queer old dean!(우리 별난 학장님을 위해)" 건배를 외쳤다. 사실 그는 "For our dear old queen!(우리 경애하는 여왕님을 위해)" 건배를 하려 했으나, dear queen(경애하는 여왕)의 첫 소리 /d/와 /k/를 맞바꿔 queer dean(별난 학장)을 만들어 버린 것이다. Spooner는 이런 두음 전환을 통한 말실수를 일상으로 저질렀다.

그는 "light a fire(불을 밝히자)" 라고 말하려다 "Fight a liar(거짓말쟁이와 싸우자)" 라고 말했고, 'tons of soil(여러 톤의 흙)' 을 'sons of toil(노역(勞役)의 자식들)' 로 바꿨다. 역사학 강좌를 빼먹은 학생(You have missed history lecture.)에게는 괴기 강좌를 야유했다(You have hissed my mystery lecture.)고 야단치기도 했다.

Spooner가 "벌레를 두 마리를 맛보다니!" (You' ve tasted two worms!) 하고 한탄할 때, 학생들은 이 말을 "두 학기를 낭비하다니!" (You' ve wasted two terms!)로 번역해 들어야 했다. 그 뒤 언어학자들은 이런 두음 전환을 스푸너리즘이라고 부르게 됐다. 스푸너리즘은 한국어에도 있을 수 있다. 식당에서 '삶은 닭' 을 주문하려다 '닮은 삵' 을 주문할 수도 있고, '소리를 작게 하라' 고 말한다는 것이 '조리를 삭게 하라' 가 돼 버릴 수도 있다. '서러운 돈 좀 씻으라' 는 말은 '더러운 손 좀 씻으라' 는 스푸너리즘에 해당한다. 두음 전환은 여러 단어로 이루어진 발화에서 발생하는 것이고 한 단어에서 발생하는 음의 위치 변화를 음위 전환(Metathesis)이라고 하여 구별하기도 한다. 예를 들면, 다문화 가정 학생이 '뚜껑' 이라는 어휘 대신에 '꾸떵' 이라고 실수를 하는 경우가 음위 전환에 해당한다. 언어의 역사적 발달 과정에서도 음위 전환을 찾아볼 수 있다. 고대 영어의 brid가 bird가 된 것이 그 일례이다.

막다른 길 효과 [garden-pathing]

서유럽에서 흔히 볼 수 있는 미로같이 생긴 정원에 있는 길에 비유되어 생긴 말로 한번 길을 잃어버리면 찾기 어려운 상태에 있는 정원의 길처럼 문장에서 모호하게 해석될 수 있는 경우를 이르는 말.

막다른 길 효과란 인간이 사용하는 자연 언어에서 문장의 메커니즘이 잠깐 동안 모호하게 해석될 수 있는 상태를 일컫는다.

문장에 대한 초기 분석 과정에 대한 가장 강력한 이론인 '오인 모형' (garden path model)은 인간의 인지적 효율성을 잘 반영한 모형이라고 평가받고 있다. 이 이론의 특징은 초기 분석에서 입력되는 문장 성분의 구조가 최소의 노력을 필요로 하는 방식으로 형성된다는 것이다.

(예) The Australian woman saw the famous doctor had been drinking quite a lot.

문장의 초기 분석 시 'the famous doctor(유명한 의사 선생님)' 는 구조적으로 중의적이다. 왜냐하면 앞선 'saw(본다)' 의 목적어로 분석되는 경우와 앞으로 나올 문장의 주어로서의 구조, 즉 'had' 의 주어로 분석될 가능성을 모두 가지고 있기 때문이다. 이런 구조적 중의성에도 불구하고 영어 화자는 앞선 단어들과 하나의 문장 구조를 이루는 분석을 선호하지 뒤에 따라올 단어들과의 문장 구조를 선호하지는 않는다고 한다. 이것이 바로 초기에 문장을 처리할 때 보다 단순한 구조를 선호한다는 오인 모형의 증거이다.

소위 막다른 길 문장(garden-path sentence)은 문장의 구조가 문장의 의미를 이리저리 오도할 수도 있는 문장을 말한다.

흔히 예로 드는 문장은 "The horse raced past the barn fell." 같은 문장이다.

"The horse raced past the barn" 까지를 보면, "그 말은 마구간을 지나 경주를 했다."는 식으로 해석을 하게 되는데 "fell" 에 이르면 처음부터 문장을 다시 보게 된다.

결국은 "The horse (that was) raced past the barn (by someone) fell." (마구간을 지나 경주를 한 말이 쓰러졌다.)로 이해하게 되는 것이다.

( )속을 보충해도 자연스럽게 느껴지지 않으면 'The car driven past the barn crashed.(헛간을 지나 운전된 그 차가 대파됐다.)' 라는 표현을 생각해 보면 쉽게 이해될 것이다.

반면에 'A penny saved is a penny earned.(한 푼을 절약하면 한 푼을 버는 거다.)' 라는 격언 문장 구조는 '명사 + 과거분사' 의 동일한 어구가 is를 동사로 하여 주어와 보어로 사용되고 있어 막다른 길(garden-path) 문장이 될 수 있는 소지가 전혀 없다.

말더듬이 [stuttering]

말의 리듬이 끊기거나 갑자기 말문이 막히는 언어 장애. 구음 장애, 유창성 장애(fluency disorder)라고도 함.

말을 더듬는 사람을 말더듬이라고 하며, 자신의 의지와 관계없이 같은 음이나 음절을 반복하고 가끔 음 · 음절 · 낱말 등이 막히거나 길게 발음되는 것이 특징이다. 말더듬이는 자신이 더듬게 될 낱말의 95% 이상을 미리 안다. 아마도 그 낱말을 발음하는 데 어려움을 겪었던 지난날의 경험 때문에 걱정이 되어 그 낱말을 피하려 하다가 말을 더듬게 되는 것으로 보인다. 말더듬이는 자음으로 시작하는 말이나 문장의 첫 단어, 내용어(명사, 동사, 형용사와 같은 것으로 조사, 어미와 같은 기능어에 반대되는 말), 그리고 음절수가 많은 말을 발음하는 데 어려움을 느낀다.

말더듬의 확실한 원인은 아직 알려지지 않고 있다. 다만, 유전적인 요인과 환경적인 요인이 말더듬 발생 및 발달에 기여하는 중요한 요소로 알려져 있다. 특정한 한 요인이 말더듬을 유발하는 것이 아니라, 다양한 요인들 간의 복합적인 상호작용의 결과 말더듬이 발생하게 된다는 것이 일반적인 견해이다. 초기 유창성 장애에 영향을 미칠 수 있는 요인으로 심리사회적 요인, 생리학적 요인, 심리언어학적 요인을 들고 있다.

정상적으로 말문이 막혀 말을 더듬는 어린아이에게 너무 많은 관심을 기울이는 것이 오히려 나쁜 영향을 주기도 한다. 즉 정상적으로 말문이 막히거나 같은 말을 되풀이하는 아이에게 부모가 화를 내며 과민 반응을 나타내는 것이 말더듬이를 만드는 원인이 되며, 독자나 나이가 비슷한 형제자매가 없는 아이들에게 말더듬이가 많은 것도 이 때문인 것 같다. 말솜씨에 대한 문화적인 차이도 영향을 미치는데, 예를 들어 대중을 상대로 한 연설 솜씨를 중요하게 여기는 서아프리카의 이그보족(이보족)은 다른 곳보다 말더듬이의 비율이 3배가 높다(전체 인구의 약 1% 정도). 또한 남자에게 많은 기대를 거는 서구 문화권에서는 여자아이보다 정신적인 부담을 더 많이 느끼는 남자아이에게 5배나 더 많이 생긴다. 로마 시대에는 말더듬는 귀신에게 홀린 것이므로 귀신을 내쫓아야 한다고 믿었으며, 중세에는 혀의 이상이 원인이라고 생각해서 불에 달군 인두로 혀를 지지기도 했다. 오늘날 말더듬이의 약 80% 정도는 치료를 하지 않아도 사춘기나 어른이 되면 저절로 낫는다고 알려져 있는데, 이것은 아마 자의식의 확립으로 이 문제를 솔직히 받아들여 정신적인 부담이 없어졌기 때문으로 보인다.

발달 실수 [發達失手, slips of the tongue]

단일 언어를 사용하는 아동이 언어 습득 과정 중에 범하는 실수.

아동은 보통 새로운 언어를 사용하기 시작하면 실수를 범한다. 예를 들어 아동들은 언어 습득 과정에서 어른들의 표현인 "Three sheep came." 대신 "Three sheep comed."라고 발화한다. 아동이 범하는 발달 실수에는 다음과 같은 오류가 있다.

과잉 확대: 네 발 달려 있는 동물만 보면 멍멍이라 한다.

과소 적용: 자기 집의 개만 멍멍이라 한다. (다른 집 개는 멍멍이라 부르지 않음)

대용어: '춤춰' 라는 단어가 있음에도 불구하고 '해' 라고 한다.

신조어: 아무도 모르는 새로운 단어 '비뿌-연필'

음운 실수: (예) 컴퓨터-컴퍼투

구문 구조의 실수: (예) 엄마가 아빠 줬어-아빠가 엄마 줬어

화용 의미 실수: 의미적 말이 상황에 맞지 않는 경우, 자폐아의 반향어 사용(치료사의 요구에 '신기한 국어나라' 라고 대답을 했을 경우)

유창성의 실수: 말의 흐름이 막혀 의미 전달이 잘 안 되는 경우가 있다. 실수하는 것을 발달로 설명하기도 한다. 언어 발달이 더딘 아동은 실수가 더 많다. 정상아와는 다른 실수를 보이기도 한다.

마찬가지로 제2언어를 배우는 아동과 성인 모두 중간 언어 사용 단계를 거치면서 실수를 하게 된다. 중간 언어와 새로운 언어 차이는 제2언어 학습자가 하는 실수의 근원이다. 이 실수 중 일부는 단일 언어를 사용하는 아동이 언어 습득 과정 중에 범하는 실수와 유사하며(이는 발달 실수라 불린다.), 일부는 이전 언어가 새 언어에 미치는 영향을 반영한다(이는 언어 전이 실수라

불린다).

발달 심리 언어학 [發達心理言語學, developmental psycholinguistics]

아동이 성장해 가면서 어떻게 언어를 습득하고 또 발달시키는가에 관해 연구하는 학문.

발달 심리 언어학은 언어 습득과 발달을 연구하는 학문이다. 연구 방법에는 관찰과 실험이 있다. 1960년대부터 변형 생성 문법의 영향을 크게 받아 변형 문법의 단위와 변형 등의 과정 심리적 실재를 뒷받침하는 실험이 성행하다가, 최근에는 이들 과정의 연구에 좀 더 조심성 있게 접근하는 태도를 보이고 있다. 또한 언어 지각에 있어서 변형 문법의 대두로 종래의 선행 말소리와 단어에 대한 통계적 계산이 말소리와 단어의 발생을 결정한다는 정보 이론의 주장이 받아들여지지 않게 되었다. 음향적 입력의 단서가 음운 구조뿐 아니라 좀 더 추상적인 문법 조직의 층위들에 비추어 무의식적으로 신속히 해석됨이 증명되었다.

발달 심리 언어학의 주요 이론을 소개하면 아래와 같다.

(1) 행동주의

· 보상, 교정, 무시 혹은 벌을 사용하여 유아 언어 사용의 질적 · 양적 영향과 태도 형성

· 정적 · 중립적 혹은 부정적인 강화 → 유아의 의사소통 행동의 출현에 매우 중요

· 유아의 발화에 대한 다른 사람들의 반응이 유아 발달의 가장 중요한 요인

· 자극, 모방, 강화가 중요: 스키너

· 모방도 언어 학습의 중요한 기제임(타인의 언어를 그대로 모방 → 강화) : 반두라

· 단점: 사고의 문제를 직접적으로 설명 못함

(2) 성숙주의: Gesell

· 준비도
· 1960년대 널리 받아들여진 이론
· 유전적 요인이 결정적
· 유아 프로그램 계획시 유아의 예정된 언어 발달 단계를 밝혀 다음 단계로 발달하도록 '준비도 활동' 제공

(3) 생득주의: Chomsky

· 언어습득장치(LAD): 모든 언어에 공통적으로 있는 언어 규칙(문법)의 체계 다룸.
· 유아는 언어 습득자가 되는 데 필요한 특별한 정신 능력이나 기술들을 생득적으로 가지고 태어남.
· 언어를 표층 구조(문법적 구조)와 심층 구조(의미 구조)로 구분. 유아는 언어의 심층 구조를 이해하는 능력도 타고 남. 표층 구조는 별로 의식하지 않고 심층 구조를 받아들임. 학습을 필요로 하는 것은 언어의 문법 구조(어휘와 문법)임.

(4) 구성주의 이론: Piaget

· 주변 환경과 상호작용함으로써 지적 능력을 구성하고 지식을 습득.
· 피아제는 인지 발달이 언어 발달에 선행하므로 인지구조에 적합한 물리적 환경을 풍부하게 제공해야 한다고 봄.
· 유아가 놀이 시 자기 중심적 언어를 많이 사용. 만 5세가 되어 진정한 대화라고 할 수 있는 사회적 언어 사용
· 유아가 사용하는 규칙들은 유아가 직접 구성(Clay, 1991).
· 유아가 스스로 관심 있는 아이디어, 문제, 질문 등의 활동들을 가능한 한 많이 하도록 도와야 함. 교사나 부모가 할 일은 유아들이 발견한 것들을

서로 관련시킬 줄 알고 유사점과 차이점을 찾도록 도와야 하는 일임.

(5) 상호교류이론: Vygotsky, Bruner

· 언어 습득은 사회적 · 정서적 동기로 인해서 일어남.

· 유아가 의미 있는 사회적 교류를 함으로써 비교적 독립적인 정신 기능인 '사고'와 '언어'를 '언어적 사고'로 바꾸어 나감. 이것이 '내적 언어'이며, 유아의 음성 언어를 촉진시키고 문자 언어 사용의 기초가 됨.

· 근접 발달 영역

· 언어 학습의 기본 원리(Bodrova와 Leeong)

① 유아는 지식을 구성

② 발달은 사회적 맥락과 분리하여 생각할 수 없다.

③ 학습은 발달을 이끌어 냄.

④ 언어는 인간의 정신 발달에 중추적 역할

· 유아는 교사와의 사회적 상호작용이 없으면 어떤 사건이나 사물에서 지식을 습득할 수 없다.

· 교사의 가장 중요한 역할은 유아와의 사려 깊은 대화를 통하여 또는 관찰을 통하여 그리고 협력을 통하여 유아가 현재 가지고 있는 개념을 찾아내고 유아의 보다 나은 정신적 구성을 위하여 노력하는 일이다.[1)]

병렬 분포 처리[竝列分布處理, Parallel Distributed Processing: PDP]

병렬 분포 처리란 언어적 정보가 병렬적으로 평가되고 EH 신경망 전체에 분산되어 표상되어 있음을 말한다. 대표적인 것으로 Mcclelland, Rumelhart가 제안한 신경망 모형인 병렬 분포 처리, 즉 pdp모형이 있다. 그들의 모형은 상호 활성화 모형과 역전파 알고리즘에 근거한 신경망 모형으로 신경망에 대한 연구와 활용을 촉발시켰다.

신경 언어학 [神經言語學, neurolinguistics]

언어를 기억하고 생성하는 과정에서 수반되는 신경 작용을 연구하는 학문.

언어 능력이 신경 조직(특히 '뇌') 속에 어떻게 자리 잡고 있는지를 밝히기 위해 정상인, 장애인의 언어 수행 자료를 실험 심리학적 방법과 신경 생물학적 방법으로 수집, 분석함으로써 현대 언어학의 정신에 따라 인간 언어 능력의 본질을 밝히는 학문이다.

신경 언어학 분야의 연구 가운데 하나는 언어 능력이 손상되거나 파괴되어 버렸을 때의 뇌의 상태, 즉 실어증에 대한 연구이다. 언어의 다양한 기능이 뇌의 어느 영역에 자리 잡고 있는가를 밝히기 위해서 의식이 있는 환자의 대뇌피질에 전기 자극을 가해 일시적인 실어증을 유발하는 것이다. 학자들은 일반적인 언어 중추는 존재한다고 제시했으나, 고도로 분화된 언어 중추는 존재하지 않는 것 같다. 뇌의 좌반구를 제거하자 좌반구의 언어 기능이 우반구로 옮겨진 환자들의 사례가 학계에 보고되어 왔다. 미국 신경 언어학 분야의 연구가 진전을 보이고 있기는 하지만 전체적으로는 언어의 신경학적 측면에 관해서 확실히 밝혀진 것은 거의 없다.[2)]

실어증 [失語症, aphasia]

뇌의 언어 영역(좌반구)의 손상으로 인한 후천적인 언어 장애.

뇌졸중, 뇌경색, 뇌외상, 뇌종양으로 인해서 발병한다. 실어증은 사람이 의사소통하기 위해 사용하는 언어를 포함한 모든 방법이나 특정 영역의 손실을 의미한다.

실어증에 걸리면 표현이 단순해지고, 의미 없는 말을 하며, 임의로 말을 만들고, 의사의 표현에 어려움을 보인다. 또한 말을 이해하지 못하고 글을 이해하지 못하는 경우가 많다. 이해뿐만 아니라 자신이 표현한 글도 의미가 맞지 않고 철자법이 틀리게 된다. 이러한 증상들에 따라 실어증을 브로카 실어증(Broca' s aphasia), 베르니케 실어증(Wernicke' s aphasia), 전실어증(global aphasia) 등으로 나눈다. 브로카 실어증은 운동성 실어증이라고도 하는데, 뇌의 전두엽 부분의 손상에 의해 발생한다. 문장을 생략하고 간단하게 표현하는 증상을 보이는 경우를 의미한다. 상대방의 말을 이해하지만 단어 표현이 어렵다. 베르니케 실어증은 감각성 실어증이라고도 하며, 뇌의 측두엽이 손상되어 나타나는 것이다. 의미 없는 말을 연결해 표현하는 증상을 보인다. 행동 상에는 어려움이 없는 경우이다. 전실어증은 뇌손상 부위가 매우 커서 언어에 대한 이해와 표현 모두에 어려움을 보인다. 실어증 중에서도 치료가 가장 어려운 경우이다.

옹알이 [babbling]

아직 말을 못하는 어린아이가 혼자 입속말처럼 자꾸 소리를 내는 짓.

옹알이는 아기가 목, 혀, 입술을 움직여서 내는 근육 활동의 결과이다. 언어 습득의 초기 단계 이후에 나타나는데 보통 생후 3~4개월경에 시작돼서 9~12개월경에 절정을 이룬다. 일반적으로 옹알이는 아이가 손가락, 발가락을 가지고 놀 듯이 입술, 혀, 성대를 가지고 노는 것의 연장이다. 보통 자음과 모음의 결합이 반복적으로 사용되어 '가가', '다다다다'와 같은 원시적인 반향어(들은 것을 반복)를 소리 낸다. 생후 5~6개월이 되면 관심을 끌고 싶을 때, 원하는 것이 있을 때, 거절의 의사를 표현할 때 옹알이로 자신의 의사를 나타낸다.

아기가 옹알이를 할 때 돌보는 사람이 같이 대꾸를 해 주면 재미있어하며 옹알이를 많이 하게 된다. 그와 반대로 주위 사람이 아기의 옹알이에 무심하게 반응하면 옹알이는 현저하게 줄어든다. 따라서 옹알이를 할 때 부모나 주위 사람들로부터 격려를 받으면서 자라난 아기는 점차 그 소리를 다양하게 나타낸다. 옹알이는 성숙 현상으로서 농아의 경우에도 6~7개월이면 나타나지만 정신 지체, 언어 장애와 같은 발달 장애 아동에게는 지연된다. 옹알이의 부재나 지연은 조용한 아기 증후군의 부분이기도 하다.

옹알이를 하지 못했던 아이들이 언어를 습득한 사례도 있다. 한편 아기는 여러 가지 다른 언어에 노출됨에도 불구하고, 그들의 옹알이는 상당히 유사한 패턴을 보인다. 또한 말을 못하는 언어 장애 아기도 수화의 형태로 입력이 있으면 수화로써 옹알이를 한다. 즉 아기에게 입력되는 언어의 종류에 매우 민감하게 반응하는 것이다.

신생아는 인간이 아닌 포유류와 같은 성도를 가지고 있다. 즉, 잠망경처럼 솟아오른 후두가 비강과 연결되어 있어 아기는 코를 통해 숨을 쉬게 되므로 반사적으로 공기를 동시에 들이마시고 내쉬는 것이 가능한 것이다. 생후 3개월이 되면 후두는 목구멍 깊이 내려앉아 혀 뒤의 동공을 열게 되는데, 이때부터 혀가 앞뒤로 움직여 성인들이 사용하는 다양한 모음들을 발성하게 된다. 하지만 완성된 단어를 발음하기까지는 오랜 시간이 걸린다. 대략 한 살이 지나면서 어린아이는 첫 번째 단어를 말할 수 있게 되는데 이 시기의 아이들의 어휘는 주로 자음과 모음으로 구성되는 단음절 어휘들이 많다.

장기 기억 [長期記憶, long term memory: LTM]

경험한 것을 수개월에서 길게는 평생 동안 의식 속에 유지하는 기억 작용.

기억은 사람이나 동물 같은 생활체(生活體)가 경험한 것이 어떤 형태로 간직되었다가, 나중에 재생 또는 재인 · 재구성되어 나타나는 현상을 일컫는다. 경험한 내용이 뇌 속에 등록되어 저장되었다가, 의식 세계로 꺼내져 재생되는 현상을 말한다.

이러한 기억은 저장 기간에 따라 수초 동안만 기억되는 즉각적인 기억(단기 기억), 며칠 정도 지속되는 최신 기억, 수개월에서 길게는 평생 동안 지속되는 장기 기억 등으로 세분된다. 이 가운데 장기 기억은 아주 큰 저장 용량을 갖고 있는데, 실제로 크기가 무한정하다는 것이 학계의 정설이다. 이는 사람이 죽을 때까지 아무리 많은 기억으로 자신의 뇌를 채운다고 해도 다 채울 수 없다는 것을 뜻한다. 설혹 자신이 쉽게 기억해 내지 못했다 하더라도 이는 장기 기억에서 사라진 것이 아니라, 단지 그 기억이 어디에 있는지 찾아내지 못했거나, 또는 기억을 재생해 내는데 실패했을 뿐이다. 일시적으로 그 기억을 찾아내지 못했다 하더라도 나중에 어떤 계기나 실마리를 통해 기억해 낸다면, 이는 장기 기억에 해당한다.

장기 기억을 관장하는 뇌의 부위는 크게 해마와 편도를 포함하는 측두엽 내부, 간뇌의 핵, 전뇌의 기저부 등 3개 부위로 알려져 있다. 특히 편도는 감정과 밀접한 관계를 맺고 있어서 강한 감정과 관련된 기억은 아주 오랫동안 저장하게 된다.

그러나 장기 기억도 여러 요인에 따라 쉽게 혹은 어렵게 재생되는데, 대체로 다음과 같은 경우에 잘 기억해 낸다고 한다. 서로 관련이 있는 개별 정보를 조직화할 때, 기억할 때와 저장할 때의 상황이 서로 비슷할 때, 반복적이고 지속적으로 학습할 때 등이다. 2004년 12월에는 미국의 한 연구팀이 일시적인 기억을 영구적인 기억으로 전환시키는 핵심 메커니즘을 발견하여 발표하였다.

주축어 [主軸語, pivot words]

두 단어를 쓸 때 축이 되는 단어.

주축어의 특징은 다른 단어가 합쳐지는 축의 역할을 한다는 점, 수적으로 적고 증가 속도가 느린 어휘군이라는 점, 고정된 위치에 나타나며 단독으로 또는 다른 주축어와 함께 사용되지 않으며 모든 개방어와 조합될 수 있다는 점이다.

통사적 사고 [統辭的思考, syntactic thinking]

단어의 연속을 생성하는 사고.

분절되고 일직선으로 나열되며 함께 발화를 구성하는 일련의 음절, 단어, 구 그리고 문장을 만들어 내는 사고가 통사적 사고이다. 통사적 사고와 함께 많이 언급되는 용어가 심상적 사고이다. 심상적 사고는 전체적이고 시각적인 의사소통 방식을 만들어 내는 것으로 대화를 하면서 대화를 강조하고 설명하기 위해 자연스럽게 사용하는 몸동작을 발달시키는 사고를 일컫는다. 예를 들면 사람 A가 "내 가방 어딨지?" 라고 말했을 때 사람 B가 "저기 네 가방이 있네." 라고 말하며 이 경우 저기를 말하는 순간 가방을 가리키거나 가방을 말하는 순간 가방을 가리킨다. 이때 통사적 사고는 말하는 것이고 심성적 사고는 몸짓이라고 볼 수 있다. 그리고 몸짓을 하며 말하는 단어에 강세를 둔다. 따라서 말을 할 때 두 개의 이원적 개념이 동시에 작용한다고 볼 수 있다.

평균 발화 길이 [Mean Length of Utterance: MLU]

한 번 말하여지는 말(발화)에서 사용된 형태소(morphemes)의 수를 평균하는 것.

어린이의 문법 능력에서 변화가 얼마나 급속히 이루어지는지를 알아보기 위해서 사용하는 가장 흔한 방법이 평균 발화 길이를 계산하는 것이다. 이것은 아동의 자발적인 발화의 길이를 측정하는 척도로 아동의 각 문장 속에 포함된 낱말이나 형태소의 수를 평균 내는 것이다. 이 MLU를 통해 아동의 초기 언어 발달 단계를 간단히 측정할 수 있다. 특정 문장의 길이가 문장의 복합성과는 같지 않지만, 평균 발화의 길이가 길다는 것은 더욱 복잡한 문장이라는 것을 보여 준다. 아동의 언어 발달 측정에 있어 연령보다는 MLU를 사용한다.

브라운의 생성적 언어 습득 이론에 의하면 브라운은 MLU에 기초하여 언어 발달을 5단계로 나누었다.

① 1단계: 유아가 하나 이상의 형태소를 가진 문장을 만들어내는 시기
② 2단계: 문장의 복잡화, 전치사와 관사 및 불규칙 동사와 명사의 복수 형태 등이 나타나나 완전한 형태로 사용하지는 못한다.
③ 3단계: 다양한 문장 형태(의문형, 부정형, 명령문 등), 성인의 언어에 근접
④ 4단계: 어휘수 증가, 문장에 종속절 사용 시작, 문법의 법칙 정확히 사용
⑤ 5단계: 둘 이상의 문장 접속문과 복합문 사용 가능

---

1) http://blog.naver.com/taenature/100099476974
2) 네이버 블로그 (신경언어학 | 작성자 mairudo)

외국어 습득론

간섭 [干涉, interference]

이전의 지식이나 경험이 이후의 과제 수행에 방해가 되는 부정적 전이 현상.

이는 이전에 배운 것이 잘못 전이되거나 부정확하게 연관됨으로써 선행 학습 자료가 후행 학습 자료의 학습에 부정적인 영향을 끼치기 때문에 나타난다. 외국어 습득론에서는 제1언어 혹은 모국어의 구조나 규칙이 제2언어 사용에 미치는 부정적인 전이를 의미한다.

간섭에는 배제적 간섭과 침입적 간섭이 있다. 배제적 간섭은 모국어에 없는 요소로 인해 목표어를 배울 때 그 요소를 배제하는 현상이다. 예로는 조사라는 문법 범주가 없는 중국어의 모국어 화자가 한국어를 학습할 때 조사를 자주 생략하는 경우를 들 수 있다. 침입적 간섭은 모국어에 있는 요소가 목표어 학습에 부정적인 영향을 주는 것으로 영어의 부정 관사의 영향으로 "*한 책이 있어요."와 같은 오류를 범하는 영어권 학습자의 오류를 예로 들 수 있다.

대조 분석론자들은 제2언어의 생성과 수용에서의 오류의 주요 원인을 모국어의 간섭으로 보았으나, 실제로는 숙달도가 높아질수록 모국어의 간섭에 의한 오류는 줄어들며 평균적으로 오류의 30% 정도가 간섭 때문인 것으로 보고되고 있다.

감시 장치 모델 가설 [Monitor Model Hypothesis]

의식적인 학습에 의하여 얻어진 문법적 지식은 발화를 생성하지 못하고 언어를 산출할 때 발화의 잘못을 찾아내거나 수정을 하는 감시자 기능만 할 뿐이라는 Krashen의 가설.

그러나 감시 장치의 작동 여부를 객관적으로 확인할 수 없으며, 감시 장치의 작동이 학습 결과인지 역시 알 수 없다는 비판을 받고 있다.

결정적 시기 가설 [決定的時期假說, Critical Period Hypothesis]

언어 학습이 완벽하게 되거나 쉽게 이루어지는 특정 시기가 존재하며, 그 시기가 지나면 언어 학습이 어려워지고 불완전하게 이루어진다는 언어 학습 연령에 대한 가설.

결정적 시기 가설은 뇌의 좌반구와 우반구의 기능이 분화되는 측면화(lateralization) 현상과 관련된다. 일반적으로 좌반구는 논리나 분석, 객관적인 판단과 관련된 기능을 주로 하고, 우반구는 감정, 통합, 주관적 판단과 관련된 기능을 주로 한다고 알려져 왔고, 언어 기능은 좌반구와 좀 더 밀접한 관련을 갖는다고 알려져 있다. 결정적 시기 가설에서는 뇌의 측면화는 2세 정도에서 시작하여 사춘기 무렵이 되면 끝나기 때문에 사춘기 이전이 언어를 배우는 적절한 시기라고 본다.

그러나 측면화가 끝나는 시기에 대해서는 아직 이견들이 많고 결정적 시기 가설을 뒤집는 연구 결과도 많이 있다. 아울러 대부분의 제2언어 학습자들이 모국어 습득자에 비해 상대적으로 성공적인 학습을 못한다는 사실은 모국어와 제2언어가 습득되는 방법에 큰 차이가 있을 수 있다는 점을 시사하고 있다.

과도 일반화 [過度一般化, overgeneralization]

어느 규칙을 적용 범위 이상으로 넓게 일반화하여 적용하는 일.

예로 영어 학습자가 동사의 과거형을 만들며 불규칙 활용 동사인 'go' 나 'teach' 에까지 규칙 활용을 적용해서 'goed,' 'teached' 를 생성하는 경우를 들 수 있다.

과잉 구별 [overdifferentiation] ☞ 난이도 계층

구별 부족 [underdifferentiation] ☞ 난이도 계층

근접 발달 영역 [zone of proximal development, ZPD]

실제적 발달 수준(actual developmental level)과 잠재적 발달 수준(potential developmental level) 사이의 영역으로, 아직 준비는 되지 않았지만 주위의 도움으로 할 수 있는 인지 단계.

소련의 심리학자 Vygotsky가 제안한 개념이다.

실제적 발달 수준은 학습자 스스로 문제를 해결할 수 있는 수준이고, 잠재적 발달 수준은 어른 또는 유능한 동료의 도움을 받아서 문제를 해결할 수 있는 수준이다. 근접 발달 영역은 학습자가 이미 성취한 발달 수준과 도움이 제공되는 상호작용에 의해 나타나는 능력 수준 사이의 간격을 의미한다. Vygotsky는 교육의 역할이란 학습자들에게 근접 발달 영역 내의 경험을 제공하여 스스로 각자의 학습을 향상하도록 하는 일이라고 주장했다.

난이도 계층[難易度階層, hierarchy of difficulty]

모국어와 외국어 간의 차이점으로 인하여 제2언어 학습자가 느끼는 학습의 어려움 단계.

대조 분석론자들이 난이도 예측 과정의 주관성을 배제하려고 시도한 모국어와 외국어 간의 차이의 유형과 각각의 학습 난이도를 의미한다. Prator(1965)의 난이도 단계는 인간의 학습 원리에 근거한 것으로 가장 난이도가 낮은 난이도 0에서 간섭의 정도가 점점 강해지는 난이도 5까지의 유형이 있다.

난이도 0으로 전이(transfer)가 있다. 이 유형은 모국어와 외국어 사이에 차이점이 없어서 학습자가 그대로 모국어에서 외국어로 음운, 어휘 및 문법 항목을 바꾸면 되는 유형으로 학습이 가장 쉽다. 난이도 1로 융합(coalescence) 유형이 있다. 이 유형은 모국어의 두 항목이 목표어의 한 항목으로 합해지는 경우이다. 이 유형은 모국어에 있는 구별을 목표어에서는 무시하도록 하기 때문에 비교적 학습이 쉽다. 난이도 2는 구별 부족(underdifferentiation) 유형이다. 모국어에 있는 항목이 목표어에 없는 경우로 학습자는 목표어 학습 과정에서 그 항목을 무시하면 된다. 스페인어를 배우는 영어권 학습자는 소유격 의문대명사인 whose를 안 쓰면 된다. 난이도 3으로 재해석(reinterpretation) 유형이 있다. 프랑스어와 영어는 비음화된 모음의 분포가 서로 다르기 때문에 프랑스어를 배우는 영어권 학습자를 비음화된 모음의 분포를 새롭게 배워야 하는데 이 경우가 재해석 유형의 예이다. 난이도 4의 단계로 과잉 구별(overdifferentiation) 유형이 있다. 스페인어를 배우는 영어권 학습자가 부정적인 주어(indefinite subject)에 대해 자동사와 함께 'se'의 사용을 익혀야 하는 경우와 같이 모국어와 거의 유사성이 없는 목표어의 새로운 항목이 이 유형에 해당된다. 난이도 5로 분리(split)가 있다. 모국어의 한 항목이 목표어에서 둘 이상의 항목에 대응하는 유형이다. 국어의 의자가 영어의 'chair, stool' 에 대응하는 경우가 이에 속한다.

대조 분석 [對照分析, contrastive analysis]

양 언어를 비교 및 대조하여 유사점과 차이점을 기술하려는 연구 방법.

1940~50년대 행동주의 심리학과 구조주의 언어학을 배경으로, 외국어 습득의 어려움은 모국어와 목표 외국어의 차이에서 비롯된다는 관점을 가지고 있다.

대조 분석 이론은 언어가 습관이고, 언어 학습은 새로운 일련의 습관을 확립하는 것이라는 언어 이론에 근거하여 제2언어의 생성과 수용에서의 오류의 주요 원인을 모국어에서 찾으려고 하였다. 제1언어와 제2언어 사이의 차이가 크면 클수록 학습이 어려워지고 학습자가 오류를 많이 범하기 때문에 제2언어를 학습하기 위하여 해야 할 일은 차이점을 학습하는 것으로 간주한다.

대조 분석은 적극적 가설과 소극적 가설이라는 두 가지 입장이 있다. 적극적 가설과 소극적 가설은 예견적 견해와 설명적 견해, 또는 강 견해와 약 견해로도 불린다. 적극적 가설은 모국어인 L1과 목표어인 L2 사이의 차이점만을 식별해 내면 L2 오류는 모두 예측할 수 있다는 입장을 가진 분석이고 소극적 견해는 '모국어-목표어' 의 차이점에 근거를 두고 학습자의 오류를 설명하기 위하여 시도하는 분석이다.

대조 분석은 오류 예측, 이론적인 측면, 실용적인 관점에서 비판을 받았다. 오류 예측과 관련하여, 대조 분석 결과가 실제로 발생한 오류를 전부 예측하지 않았으며, 분석 결과 예측된 오류가 전부 발생하지 않았다. 이론적인 면에서 난이도와 오류의 관련성이 비판을 받았다. 언어학적으로 차이가 난다는 것과 심리학적으로 어렵다는 개념은 등식이 성립되지 않기 때문에 어렵다는 개념과 오류를 연결시킬 수 없기 때문이다. 실용적인 측면에서도 대조 분석에 의한 예측들이 현장 교사들의 경험적 오류 추측 단계를 벗어나지 못한 피상적이라는 점도 비판을 받았다.

한편 대조 분석에 의해 예견된 어려움은 오류라기보다는 회피로 나타날 수 있다는 점, 간섭 효과는 완전하게 다른 언어보다는 유사한 언어 사이에 발생할 확률이 더 높다는 점 등이 알려지면서 대조 분석이 재평가되게 되었다. 학습자 전략으로서의 L1 간섭, 대조 분석적 화용론의 연구도 대조 분석 연구의 가치를 새롭게 인식하게 하였다.

동기 [動機, motivation]

학습자들이 제2언어를 학습하려는 노력의 정도에 영향을 미치는 태도와 정서적인 상태.

도구적 동기와 통합적 동기, 내적 동기와 외적 동기로 나뉜다.

도구적 동기는 어떤 목적을 달성하기 위한 수단으로 외국어를 배우려는 태도를 가리킨다. 예로는 학습자들은 시험에 합격하거나 더 나은 직업을 얻기 위한, 어떤 기능적인 이유로 제2언어를 학습하려고 노력하는 경우를 들 수 있다. 통합적 동기는 외국어 학습자들이 그 외국어를 모국어로 사용하는 집단의 문화에 동화되어 그 집단의 일원으로서 의사소통을 하기 위하여 외국어를 배우려는 경우에 해당한다. 예를 들어 한국인과 결혼한 외국인이 그 한국인 배우자나 가족들을 이해하기 위하여 한국어를 배우고자 하는 경우가 이에 속한다.

내적 동기는 학습자가 외부에서 주어지는 어떤 보상이나 강요 등이 없이 오로지 자신의 자유 의지에 의하거나 외국어의 학습 그 자체의 즐거움을 목적으로 하는 학습 동기를 가리킨다. 외적 동기란 외국어 학습을 통해 얻어지는 물질적 보상이나 다른 사람들로부터의 칭찬, 좋은 학점, 벌 등이 예상되는 경우를 대비하여 학습하는 것을 말한다.

위의 네 가지 동기는 상호 보완적이어서 학습자들은 통합적인 동기를 가짐과 동시에 도구적인 동기도 가질 수 있다. 동기는 학습으로 인해 나타날 수 있을 뿐만 아니라 학습을 유발할 수도 있다.

모국어[mother tongue] ☞ 제1언어

문화 변용 모형[文化變容模型, acculturation model]

사회적 요인들이 목표 언어 문화에 대한 적응이나 제2언어 습득 정도를 결정한다고 보는 중간 언어의 사회적 측면에 대한 연구의 하나.

Schumann은 '거리' 라는 개념으로 학습자들이 문화적으로 동화하는 데에 실패하는 이유를 설명했다. 이 이론은 코스타리카 사람 Alberto의 사례 연구에서 생겨났다. Alberto는 10개월 동안 어떤 언어적 발달도 이뤄 내지 못한 채 화석화, 피진화된 것처럼 보였다. Schumann은 제2언어 습득에서, 학습자들이 그 목표어 집단에 문화적으로 동화되지 못할 때, 다시 말해 새로운 문화에 적응하지 못하거나 적응하는 것을 거부할 때 피진화가 생겨난다고 제안했다. 학습자들이 문화적으로 동화하는 데에 실패하는 주된 이유는 사회적 거리(social distance) 때문이다. 그에 따르면 사회적 거리는 제2언어 사용자와의 접촉 빈도를 결정하고, 나아가 학습자들이 학습에 얼마나 성공적인가를 결정한다.

문화 변용 모형은 '태도' 와 같은 요소들이 동적이어서 학습자의 사회적 경험에 따라 변동될 수 있으며, 학습자들이 사회적 조건에 순응하기만 하지 않고 사회적 여건의 주체가 될 수 있다는 점을 인식하지 못한다는 비판을 받고 있다.

발판 만들기 [scaffolding]

학습자가 잠재적 발달 수준에 도달할 수 있도록 부모나 교사 또는 동료 학습자가 발판과 같은 지지적인 상황을 만드는 과정을 비유적으로 표현한 용어.

학습자가 자신의 능력으로 수행할 수 없는 복잡한 과제를 스스로 해내도록 제공하는 교사의 행동과 말을 의미한다. 이상적인 교사의 역할을 묘사하기 위해 Wood, Bruner, Ross 등이 도입한 개념이다.

배제적 간섭 [排除的干涉] ☞ 간섭

보편 문법 [普遍文法, universal grammar]

언어에 대한 생득적 지식을 구성하고 제1언어 습득을 지배하는 추상적인 원리들로 이루어진 문법.

Chomsky가 1980년대에 들어 언어 습득 장치(Language Acquisition Device) 대신 내세운 개념으로, 어느 언어에나 적용되는 공통 문법인 원리와 언어에 따라 설정이 다른 매개 변수로 이루어진다.

보편 문법을 통한 제2언어의 학습 과정에 대해 접근 불가, 완전 접근, 간접 접근, 부분 접근 등의 네 가지 가설이 있다.

접근 불가는 모국어 습득과 외국어 습득의 근본적인 차이를 강조하는 입장으로 외국어 습득 과정에서 보편 문법이 아무런 역할을 하지 않는다고 본다. 이 입장에 따르면 모국어와 제2언어 습득은 근본적으로 다르다. 성인 제2언어 학습자들이 정상적으로 완벽한 언어 능력에 도달하는 것은 불가능하고 그들의 중간 언어는 보편 문법에 의해서는 금지될 '불가능한' 규칙들을 나타나게 할 수도 있다.

완전 접근은 모국어 습득과 마찬가지로 외국어 습득에서도 보편 문법이

완벽하게 작용한다는 입장이다. 학습자들이 처음에는 모국어의 매개 변수 환경에서 학습을 시작하지만 계속 제2언어 매개 변수 환경으로 전환시키는 것을 학습한다고 주장하는 입장이다. 한 가지 가정은 완벽한 목표어 언어 능력의 습득이 가능하다는 것과 결정적 시기 같은 것은 존재하지 않는다는 것이다.

부분 접근 가설은 보편 문법의 원리나 매개 변수는 제2언어 습득의 과정에서 부분적으로 적용한다는 입장이다. 예를 들어 그들은 단지 그들의 모국어에서 작용하는 보편 문법의 매개 변수들에만 접근할 수 있다. 그러나 그들은 오류 수정과 같은 직접적인 지도를 통해 제2언어 매개 변수 환경으로 전환시킬 수도 있다. 즉 제2언어 습득이 부분적으로는 보편 문법에 의해서, 부분적으로는 일반적인 학습 책략들에 의해서 통제된다.

그 외 간접 접근은 보편 문법이 모국어를 통하여 외국어 습득에 작용한다는 주장이다.

제2언어 학습자들이 보편 문법에 접근할 수 있는지에 대한 일치된 견해는 없다. 이러한 모순적인 입장들이 존재한다는 것은 제2언어 습득에서 보편 문법의 역할이 아직은 확실치 않다는 것을 보여 준다.

분리 [split] ☞ 난이도 계층

상호작용 가설 [相互作用假說, Interaction Hypothesis]

의미 협상(negotiation of meaning)의 결과로 상호작용 과정에서 이해 가능한 수준으로 만들어진 입력이 제2언어의 습득을 촉진한다고 보는 Long(1980)의 가설.

제2언어 습득에서 입력이 중요하다는 점에 대해서는 Long과 Krashen의 주장이 일치하지만, 상호작용 가설에서는 간략화되고 이해 가능한 입력뿐만이 아니라, 모국어 화자와 비모국어 화자 사이의 상호작용 과정에서 의미 협상의 결과로 이해 가능한 수준으로 된 입력이 있어야 한다는 입장이다. 의미 협상이란 원어민 화자와 비원어민 화자의 대화에서 오해를 최소화하려고 서로 상호 협력하려는 시도로, 의미 협상 과정에서 이해 여부를 확인하기 위한 이해 점검, 모호한 발화에 대한 설명 요구, 반복, 바꿔 말하기 등이 이루어진다.

생득주의 [生得主義, nativism, innatism]

인간이 선천적으로 언어 습득 능력을 가지고 태어났다고 보는 언어 습득 이론.

제1언어 습득을 인간의 본성에서 찾으려는 심성주의 이론이다. 생득주의는 인간이 언어 습득 장치(Language Acquisition Device)를 갖고 태어나는데, 이 장치가 언어 습득을 근본적으로 결정지으며 최소한의 언어 입력만 있으면 이 장치가 방아쇠 역할을 하여 언어 습득 기제를 활성화하고 언어를 습득하도록 한다고 본다.

생득주의는 영유아 언어의 체계성에 대한 설명을 제시하고 있다. 이에 따르면 어느 단계에서나 영유아의 언어가 체계적인 이유는 영유아들이 언어 입력에 따라 언어 규칙에 대한 가설을 형성하고 검증하고 재구성해 나가기 때문이다. 생득설은 초기 언어 습득 단계에 대한 설명에 한계가 있고 언어 습득 장치가 객관적으로 검증되지 않았으며 언어 습득에 미치는 사회적 요인을 간과했다는 비판을 받고 있다. 한편 이러한 심성주의 관점은 후에 제2언어 습득론의 주요 개념인 중간 언어에 대한 이론적 바탕이 된다.

습득 차례 [習得次例, sequence of acquisition]

학습자가 부탁하기나 명령하기 등의 언어 기능이나, 어미 활용 등의 문법 구조를 습득할 때 거치는 단계.

특정 문법 구조나 언어 기능의 습득은 과도기 구조(transitional construction)를 포함하는 점진적인 과정으로 간주된다.

습득 · 학습 가설 [習得 · 學習假說, Acquisition/Learning Hypothesis]

성인이 제2언어를 배울 때 이루어지는 습득과 학습에 대한 Krashen의 가설.

습득과 학습은 서로 별개의 과정으로 습득은 모국어를 배울 때와 같이 무의식적으로 이루어지고, 학습은 형식에 관심을 두고 의식적으로 언어를 배우는 것인데, 학습은 결코 습득으로 이어지지 않는다고 본다.

심성주의 [心性主義] ☞ 생득주의

언어 습득 장치 [言語習得裝置, Language Acquisition Device, LAD]

제1언어 습득을 결정짓는 타고난 언어 능력.

Chomsky는 1960~70년대에 인간만이 언어를 학습하는 능력인 언어 습득 장치를 갖고 태어나는데, 이 장치는 언어 입력만 있으면 언어 습득 기제를 활성화하여 언어를 습득하도록 한다고 주장하였다.

언어 적성 [言語適性, language aptitude]

제2언어 학습에 차이를 가져오는 학습자의 언어 능력.

언어 적성이 높은 사람은 언어 적성이 낮은 사람보다 언어를 쉽고 빠르게 학습하게 된다. 언어 적성을 이루는 요소로는 외국어 소리들을 구별해 내는 음소 해독 능력, 문법적인 기능들을 알아내는 문법적인 민감성, 형태와 의미 사이의 관계를 구별해 내는 추론적 언어 학습 능력, 자극들 사이의 연상을 형성하고 기억하는 연상적 언어 학습 능력 등이 있다.

언어 전이 [言語轉移, language transfer]

학습자의 모국어나 이미 습득한 목표어에 대한 지식이나 경험이 제2언어를 습득하는 데에 주는 영향.

이전의 학습이 현재 학습 내용에 정확히 적용되어 긍정적으로 영향을 주는 경우를 긍정적인 전이 또는 촉진이라고 하고, 이전의 학습 내용이나 지식이 이후의 과제 수행에 방해가 되는 경우를 부정적 전이 혹은 간섭이라고 한다.

언어 전이는 모국어가 목표어 학습에 미치는 영향인 언어 간 전이와 이미 학습한 선행 목표어 지식이 목표어 학습에 미치는 영향인 언어 내 전이로 나뉜다.

대조 분석론자들은 제2언어의 생성과 수용에서의 오류의 주요 원인이 모국어라고 간주하며 모국어가 목표어인 제2언어에 미치는 간섭의 영향을 강조하였지만, 간섭 오류의 연구 결과로 학습자의 오류 중에서 언어 간 전이로 인한 오류는 최대 50%를 넘지 않으며 대체로 30% 내외라는 점이 밝혀졌다. 한편 숙달도별로 볼 때 초급에서는 언어 간 전이에 의한 오류가 많으나 고급으로 갈수록 언어 내 전이 오류의 비중이 높아진다.

언어 전환 [言語轉換, code-switching]

두 언어를 사용하는 사람이 한 언어의 단어, 구 등을 다른 언어에 삽입하는 현상.

오류 [誤謬, error]

학습자 언어에 나타난 일탈.

학습자가 정확한 규칙을 모르기 때문에 범한다는 점에서 발화 수행상의 단순한 잘못인 실수(mistake)와 구별된다.

Corder(1981)는 문법적인 적합성(acceptability)과 맥락에서의 적절성(appropriateness)을 오류 확인의 기준으로 삼아서, 적합하지 않거나 적절하지 않은 문장을 모두 오류로 보았다. 한편 Lennon(1991)은 오류와 비오류 사이의 소위 중간 지대를 고려하여 오류를 '동일한 문맥이나 유사한 언어 생성의 조건에서, 원어민 화자가 산출할 가능성이 거의 없는 학습자가 산출한 언어 형식이나 언어 형식의 조합'으로 간주한다.

전통적으로 오류를 기술할 때는 오류를 대치, 생략, 첨가, 어순 등으로 범주화하기도 하고, 각 범주 내에서 언어학적 단위를 고려하여 표기상의 오류, 음운론적 오류, 어휘상의 오류 및 문법적인 오류, 담화상의 오류 등으로 나누기도 한다. (1), (2), (3)과 (4)는 각각 대치, 생략, 첨가, 어순 오류의 예를 보여 준다. (5), (6), (7), (8)과 (9)는 각각 표기상의 오류, 음운론적 오류, 어휘상의 오류, 문법적인 오류, 담화상의 오류의 예를 포함한다.

(1) 인간 복제를 **찬동**하거나 반대하는 의견도 많이 나왔습니다.

(2) **특별** 재미있습니다(特別有意思).

(3) 공원 **속**에 사람이 많습니다(公園里有限多人).

(4) 아침 일찍부터 서둘러 글을 쓰기 시작했는데 아직도 **못 다 했습니다**.

(5) 그러면 사랑과 금정의 **례**를 하나 들어 봅시다!

(6) [그래서 **부통 간난한** 사라미 군대에 가고 시퍼한다.]

(7) **대방**이 전화를 받지 않아도 메시지를 보낼 수 있다.

(8) 군인이 되려면 많은 조건을 맞아야 한다.

(9) …… 무력 행사 범위를 확대하려고 했다. 일본뿐만 아니라 북한도 불안하지요. …… 기대하고 있다.

한편 오류의 원인에 따라 언어 내 전이 오류, 언어 간 전이 오류, 학습 맥락과 관련된 오류, 의사소통 전략과 관련된 오류로 분류된다.

언어 내 전이는 목표어의 선행 지식이 후행 지식에 영향을 끼쳐 발생하는 오류이고 언어 간 전이 오류는 모국어가 목표어 학습에 영향을 미쳐서 생기는 오류이다. (10)은 경어법 관련 오류인데, 전 언어권 학습자 자료에서 나타나는 것으로 언어 내 오류로 추정된다. (11)은 언어 간 전이의 예를 보여 준다. 중국어의 '因爲'는 '왜냐하면 ……-기 때문이다'의 의미를 가지기 때문에 예문 (11)의 경우 '-기 때문이다' 없이 '왜냐하면'만 써서 오류가 발생했다고 추정된다.

(10) 저는 ○○○이**십**니다.

(11) **왜냐하면** 중국에서 그런 제도가 **없었다**.

학습 맥락은 잘못된 설명, 교재 속의 틀린 내용 등의 교실 상황과, 방언 같은 사회적 상황을 포함한다. 의사소통 전략에는 소위 회피(avoidance), 전형화된 유형(prefabricated patterns), 권위자에게 문의(appeal to authority), 다른 언어로 교체(language switch) 등이 있다. '그러면 사랑과 금정의 **례**를 하나 들어 봅시다!'와 같은 문장은 북한식 표기를 보여 주는 예로 조선족 학습자의 학습 맥락과 관련된다.

오류의 범위에 따라 전체적 오류(global errors)와 국소적인 오류(local errors)로 나뉘는데, 전체적인 문장 구조 전반에 걸치는 전체적 오류가 문장 내의 한 구성 성분에 걸친 국소적인 오류보다 심각한 오류로 평가된다. 다음의 예에서 (12)는 전체적인 오류의 예이고, (13)은 국소적인 오류의 예이다.

(12) 가치관의 차이라고 해서 서로 통하지 못한다고 말할 때가 많아서 동서 문화의 차이를 심하게 줄을 그리는 사람이 적지 않습니다.

(13) 우리는 부엌에서 시어머니는 한국말로 했고 나는 중국말로 했지만 아무 문제 없이 여러 가지 맛있는 음식을 만들었다.

교육 현장에서 우선적으로 교정하여야 할 심각한 오류 유형을 목록화하거나 학습자의 표현 어휘에 대하여 등급화된 평가를 내릴 때 오류의 심각성을 다루는 오류 평가의 연구 성과가 활용될 수 있을 것이다. 외국어 교육계에서 흔히 거론되는 오류의 평가 기준은 규칙의 기본성(basicness of the rules)과 해독 가능성(intelligibility)이다. 오류 평가 기준과 관련하여 Hughes & Lascaratou(1982: 175)는 언어 교육의 목적이 의사소통 능력의 계발이라면 의사소통의 효율성과 관련된 해독 가능성에 따라 오류의 심각성이 평가되어야 한다고 하였다.

오류 분석 [誤謬分析, error analysis]

학습자의 언어 사용에서 오류를 찾아 분석하는 연구 방법.

오류 분석은 학습자 언어의 정확성을 검증하는 방법으로, 외국어 교육 분야에서 1960~70년대에 활발하게 이루어졌고 최근까지도 연구가 계속되고 있는 연구 방법론이다. 오류 분석은 학습자가 자주 범하는 오류를 분석함으로써, 학습자가 무엇을 어려워하는지, 왜 이런 오류를 범하는지, 어떤 오류가 심각한 오류인지, 또한 어떻게 하면 오류를 예방하거나 교정할 수 있는지 등과 관련한 체계적인 학습자 정보를 제공한다. 이러한 학습자 정보는 학습자 중심적 교수법을 정립하는 데에 기초적인 자료가 된다.

그러나 오류 분석은 몇 가지 한계가 있는 것으로 평가된다. 우선 모어 화자 사이에 오류와 비오류를 판정하는 데에 편차가 있는 등 오류와 비오류 사이의 소위 중간 지대가 존재하는 점이 분석 단위인 오류의 식별을 어렵게 한다. 예를 들어 (1)은 명백한 오류를 포함하고 있지만 (2)와 (3)의 밑줄 친 부분은 오류와 비오류의 경계선에 있는 것으로 보인다.

(1) 공원에 가면 시원(→ 시원한) 바람이 있습니다.
(2) …… 생김새 틀린(→ 다른) 사람과 사는 것은 쉬운 일이 아니다.
(3) 그런데 이 좋은 분위기가 빨리(→ 갑자기) 변했습니다.

둘째로 학습자의 언어를 이해하는 데에 틀린 부분을 다루고 정확하게 사용하는 부분이 어떻게 발달하는가를 오류 분석만으로는 이해하기 어렵다. 또한 학습 초기나 침묵기에는 학습자의 자료가 없으며, 학습자가 사용을 회피한 문법이나 어휘 항목에 대해서는 분석이 어렵다.

외국어 [外國語, foreign language] ☞ 제2언어

학습자가 속한 언어권에서는 의사소통의 수단으로 사용되지 않는 학습 목표 언어.

일반적으로 미래에 다른 문화권 사람들과의 의사소통 상황을 준비하려고 학교나 언어 학습 기관에서 배운다.

U-자형 발달 과정 [U-shaped course of development]

학습 초기에 고도의 정확성을 보이지만, 시간이 흐르면 후퇴하여 퇴보하는 시기를 겪고, 그 후 목표 언어 규범에 따른 정확한 수행을 하는 발달 패턴.

이러한 현상은 학습자가 기존의 지식을 재조직하여 새로운 지식을 수용하기 때문에 발생한다.

U-자형 발달 과정에 대한 초기 연구는 제1언어 습득 연구에서 이루어졌

다. 'go'의 불규칙 과거형은 초기에 went로 바르게 쓰이다가 규칙의 과잉 일반화로 잘못된 goed 형이 쓰이고 다시 규칙과 불규칙에 대한 구분이 생기면서 went로 다시 바르게 쓰이는 경우가 이러한 U-자형 발달 과정을 보여준다.

한국어 중간 언어를 살펴보면 초기에 '책입니다'와 같이 'N입니다' 형을 바르게 쓰다가, 'V-습니다/ㅂ니다'를 배운 후에는 '책습니다'와 같은 일탈형이 나타나는데 이는 한국어 학습자가 활용 규칙을 과도 일반화한 것으로 보인다.

융합 [coalescence] ☞ 난이도 계층

입력 [入力, input]

학습자에게 노출되는 언어 자료.

언어 입력은 언어 학습의 출발점이므로 학습자에게 어떤 유형의 입력 자료를 주느냐, 학습자의 숙달도에 맞게 단순화한 자료와 실제적인 자료 가운데 어느 자료가 학습에 더 유효한가 하는 문제는 교수 학습의 중요한 쟁점이 된다.

Krashen은 학습자의 현 수준보다 조금 높은 이해 가능한 입력(comprehensible input), 즉 'I+1' 수준이 적절하다고 하며 입력 가설을 주장하였다. 한편, Long은 대화를 통하여 상호작용하며 조정하여 이해 가능한 수준으로 만들 수 있는 입력이 효과적이라고 하며 상호작용 가설을 주장하였다.

입력 가설 [入力假說, input hypothesis]

감시 장치 모델의 핵심적 가설로, 언어 습득은 이해 가능한 입력(comprehensible input)이 주어질 때에만 이루어지며 이해 가능한 입력이 충분하게 주어지면 문법은 자동적으로 습득된다는 Krashen의 가설.

이 가설은 학습자의 현재 언어 사용 능력을 'i' 라고 할 때 학습자가 맥락에서 미루어 짐작할 수 있는 'i+1' 수준의 난이도를 가진 언어 입력을 학습자에게 제공해야 한다고 주장한다. 즉 전달하려는 메시지를 분명히 하기 위해 상황적 문맥을 이용하거나 외국인에게 하는 말투에서 보이는 것과 같은 입력의 변형을 통해 입력을 이해 가능하게 만들어야 한다고 본다. 그러나 이 가설은 'i' 나 'i+1' 의 개념이 불분명하다는 비판을 받고 있다.

자연적 순서 가설 [自然的順序假說, Natural Order Hypothesis]

문법 규칙의 습득은 예측 가능한 일정한 순서대로 일어난다고 보는 Krashen의 가설.

습득 순서는 학습자의 모국어나 나이, 학습 순서에 의해 바뀌지 않는다고 주장한다.

장 독립성 [場立性, field independence] ☞ 학습 스타일

장 의존성 [場存性, field dependence] ☞ 학습 스타일

재해석 [再解析, reinterpretation] ☞ 난이도 계층

접근 계층 [接近階層, accessibility hierarchy]

유표성 정도에 따른 관계 대명사 기능의 함축적인 순서.

접근 계층 구조는 특정 언어에서 순서면의 하위 관계대명사 기능이 있을 경우 그 상위의 모든 대명사 기능들이 그 언어에 존재함을 의미한다. 이러한 계층 구조는 관계절에서 학습자들이 저지르는 일탈의 빈도를 예견해 준다. 즉, 주격 관계대명사가 있는 관계절에서 가장 적은 오류가 나타나고 비교급의 목적어 기능을 가진 절에서 오류가 가장 많이 나타난다. 이러한 이유로 접근 계층 구조는 제2언어 습득과 언어학의 상호 관련성을 보여 주는 한 가지 사례로 주목된다. 이는 언어학적 사실들이 습득을 설명하는 데에 사용될 수 있고 반대로 제2언어 습득 연구가 언어학적 이해를 돕는 데에 사용될 수 있기 때문이다.

정보 처리 모델 [Information Processing Model]

제2언어 습득은 통제적 처리에서 자동 처리로 나아가며 지식의 점진적인 재구조화를 포함한다고 가정하는 제2언어 습득 모델.

McLaughlin이 Krashen의 모니터 이론을 비판하며 제안하였다. 이 모델의 언어 학습 요소로는 자동화(automaticity)와 재구조화(restructuring)가 있다. 자동화는 학습된 지식이나 기술이 연습을 통하여 학습자에게 내재화되는 것이고, 재구조화는 새로운 학습으로 학습자에게 내재화된 기존의 인지 구조가 재조직되는 과정이다.

자동화 과정은 학습 초기에 주의력이 필요한 통제적 처리 과정(controlled processing)과 연습을 거쳐 장기 기억으로 저장되어 주의를 기울이지 않고도 언어 과제가 처리되는 자동적 처리 과정(automatic processing) 단계를 거친다. 이렇게 얻어진 새로운 지식들은 기존의 지식과 통합하여 새로운 구조로 재조직화된다.

정의적 필터 가설 [Affective Filter Hypothesis]

학습자의 동기나 태도, 정서 상태 등의 정의적 측면이 제2언어 습득에 영향을 끼친다고 보는 Krashen의 가설.

습득은 학습자에게 강한 동기가 있고, 불안감이 적을 때에 촉진된다고 가정하며 제2언어 습득의 개인차에 대한 설명을 제공한다. 즉 정의적인 필터는 언어 입력을 방해하는 장치인데, 이것이 낮아지게 되면 학습자에게 더 많은 입력이 제공되어 학습자는 제2언어 습득을 잘할 수 있게 된다. 이 가설은 정의적 필터의 작동 여부나 방식을 객관적으로 확인할 수 없다는 약점이 있다.

제1언어 [first language, L1]

태어나서 처음 접하는 언어로 자연스럽게 습득되고 그 언어권 화자들 사이에서 성장하며 배우는 언어.

제1언어가 충분히 습득되면 모국어가 된다. 다중 언어 환경에서 성장하는 어린이는 하나 이상의 제1언어를 배울 수 있다.

제2언어 [second language, L2]

모국어를 습득한 후 학습하는 다른 언어.

일반적으로 사회적으로 지배적이거나 공식어로 인정받는 언어를 의미하며, 세 번째, 네 번째 언어로 학습하는 언어도 지칭하나 대체로 두 번째로 접하는 언어로서 모국어가 아닌 언어를 말한다. 흔히 소수 집단 구성원이나 이민자에 의해 습득된다.

조정 이론 [調整理論, accommodation theory]

학습자의 사회 집단이 제2언어 습득의 과정에 주는 영향을 규명하는 중간 언어의 사회적 측면에 대한 연구의 하나.

Giles은 '사회 조정' 이라는 개념을 바탕으로, 사람들이 상호작용을 할 때 사회적 응집을 강조하기 위해 대화 상대자의 말투와 자신의 말투를 동일하게 하는 수렴(convergence) 행위나 사회적 차이점을 강조하기 위해 그들의 말투와 대화 상대자의 말투를 다르게 하는 일탈(divergence) 행위를 한다고 주장한다. 제2언어 습득은 '장기적 수렴' 을 포함하는 과정으로 사회적 조건들이 갖추어져 학습자들이 원어민 화자의 규범에 수렴하려고 할 때, 학습이 촉진된다고 보았다. 조정 이론에 따르면, 사회적 요인들은 학습자들의 태도에 반영되어 중간어 발달에 영향을 준다고 한다.

중간 언어 [中間言語, interlanguage]

목표어나 모국어와는 독립적인 외국어 학습자의 언어.

중간 언어는 근사 체계(approximative system), 과도적 능력(transitional competence), 특이 방언(idiosyncratic dialects) 등으로 불린다. 중간 언어란 명칭은 학습자의 언어가 모국어나 목표어 어느 쪽에도 속하지 않는 언어 체계라는 점을 반영한다.

중간 언어는 습득 단계에 따라 변화하는 체계이기 때문에 모국어를 기반으로 목표어로 향하는 여러 가지 단계 가운데의 어느 시점의 언어 체계를 가리키는 경우와 그 연속체로서의 언어 체계를 가리키는 경우가 있다.

중간 언어의 개념은 L2습득에 대한 몇 가지 전제를 바탕으로 한다. 첫째, 학습자는 제2언어 이해와 생산의 기초가 되는 추상적인 언어 규칙 체계를 구축하는데, 이 구축 체계가 심리 문법인 중간 언어이다. 둘째, 학습자 문법은 투과가 가능하여, 내부의 영향과 외부의 영향을 받는다. 즉 문법은 입력을 통해 외부 영향에 노출되어 있고, 생략, 과도 일반화, 전이 오류 등을 통해 내부의 영향을 받는다. 셋째, 학습자 문법은 과도기적이어서 학습자들은 규칙 첨가, 규칙 삭제, 전체 체계 재구성 등을 통하여 문법을 변화시킨다. 넷째, 중간 언어 체계는 다양하다. 능력 차원의 다양성을 반영하여 학습자들이 구축하는 체계가 다양한 규칙을 포함하고, 어떤 발달 단계에서든지 서로 경쟁하는 하나 이상의 규칙을 가지게 된다. 다섯째, 학습자들은 중간 언어를 발달시키기 위해 학습 전략(learning strategies)을 사용하여 학습자들이 생산하는 오류들, 예를 들어 생략 오류, 과도 일반화 오류, 전이 오류 등은 학습 전략을 반영하기도 한다. 여섯째, 학습자 문법은 화석화되기 쉽다. 화석화는 제2언어에만 나타나는 특징으로 학습자의 5% 정도만 모국어 화자 수준의 숙달도를 갖게 된다.

중간 언어 연구는 오류 분석과는 달리 소위 '오류'를 학습자의 언어 체계 내의 현상으로 긍정적으로 간주하는 등 학습자의 언어에 대한 이해를 높이는 데에 기여했으며, 학습자의 언어 습득 과정을 설명하는 등의 연구 성과를 올렸다. 그러나 중간 언어 연구는 핵심 개념인 중간 언어의 실체가 가변적이고 명확하지 않다는 등의 문제를 안고 있다.

출력 가설 [出力假說, output hypothesis]

출력을 제2언어 습득의 필수적 요소라고 간주하는 Swain의 가설.

이 가설에 따르면 상대방의 말을 이해하고 받아들이는 것만으로는 완전한 제2언어 또는 외국어의 습득이 불가능하다.

제2언어 습득 과정에서의 이해 가능한 출력의 역할로는 가설 검증하기, 발화에 대한 피드백 받기, 자동성 개발하기, 의미론적 과정에서 구문론적 과정으로 이동하기 등이 있다. 출력을 통해 학습자는 학습자 언어와 목표어 사이의 차이를 인식하고 학습자 언어를 지속적으로 수정하여 목표어의 완전한 문법 구조를 습득해 나가게 된다.

출력 가설에서는 학습 과정에서 학습자들에게 말할 기회를 많이 제공하도록 강조하는데, 이는 상대방의 말을 이해하기 위해서는 외국어의 문법이나 구조를 완전히 습득할 필요가 없는 반면, 제2언어로 자신의 의미를 표현하기 위해서는 구조에 대한 지식이 없이는 불가능하다는 점 등 이해 기술과 표현 기술은 차이가 있기 때문이다.

침묵기 [沈默期, silent period]

학습자나 아동이 말할 준비가 되었다고 스스로 느끼기 전까지 발화하지 않고 침묵하는 비교적 긴 기간.

침묵기 동안에 학습자는 듣거나 읽는 것만으로 학습을 하는데, 이 시기는 발화를 하기 위한 준비 시기로 이해되기도 한다.

침입적 간섭 [侵入的干涉] ☞ 간섭

피드백 [feedback]

학습자의 학습 결과에 대한 교사의 반응.

누가 오류 교정의 주체냐에 따라 직접적인 피드백과 간접적인 피드백으로 나뉜다. 직접적인 피드백은 교사가 직접 오류를 고쳐 주는 방식이고 간접적인 피드백은 틀린 부분만 지적하여 학습자들이 스스로 고치도록 유도하는 방식이다. 교사가 모든 오류를 직접 고쳐 주지 말고 오류의 위치만 지적하여 학습자 스스로 오류를 수정할 수 있도록 하는 것이 바람직하다.

학습자의 오류에 대한 피드백 방법은 오류의 유형에 따라 다른데 의사소통에 방해가 되는 전체적인 오류나 빈번하게 발생하는 오류를 중심으로 피드백을 해야 한다. 숙달도에 따라 피드백 방법도 차이가 난다. 초급 단계에서 언어권별 혹은 개인별로 특징적인 오류 유형을 찾아서 주로 형식면의 피드백을 행한다. 중급 단계에서는 심각한 오류나 화석화되어 가는 오류를 교정하도록 하며, 형식뿐만이 아니라 내용면의 피드백을 행한다. 고급 단계에서는 정확성을 높이기 위하여 문법적으로 틀린 오류뿐만 아니라, 모국어 화자에게 어색한 오류까지 교정하도록 유도하는데 특히 학습자 스스로 자신의 오류를 발견하고 고치도록 유도한다.

학습 스타일 [learning style]

새로운 지식과 기술을 받아들이고 처리하기 위한 개인의 습관적인 선호 방식.

학습 스타일과 제2언어 습득의 성공 여부를 관련짓는 대표적인 인지적 학습 스타일로 장 의존적(field dependent) 학습 스타일과 장 독립적(field independent) 학습 스타일이 있다.

학습 스타일은 숲에 있는 나무를 볼 때 보이는 사람들이 서로 다른 경향으로 묘사될 수 있는데, 장 의존적 학습 스타일은 새로운 정보를 처리할 때 전체 그림을 보려는 경향이 있어서 전체와 부분들을 구분하는 것을 어려워하고 전체의 장을 하나의 통합된 전체로서 조금 더 잘 인식하는 경향이고, 장 독립적 학습 스타일은 복잡한 그림에서 독립된 사물들을 빨리 인식하여 장에서 개별적인 항목이나 요인을 잘 지각하는 학습 스타일이다.

학습자 언어의 변이성

학습자가 어떤 주어진 발달 단계에서 때로는 어느 하나의 형태를 사용하기도 하고 때로는 다른 형태를 사용하는 현상.

변이성에 관한 연구는 학습자 언어가 자유 변이뿐만 아니라, 변이성의 체계성을 드러내기도 한다. 즉 학습자들은 예견 가능한 방식으로 언어를 사용하여, 언어학적 맥락, 상황적 맥락, 그리고 심리 언어학적 맥락에 따라서 특정 형태를 사용한다.

학습 전략 [學習戰略, learning strategies]

학습자들이 제2언어를 학습하기 위해서 사용하는 특별한 접근 방법이나 기술.

인지적 전략, 초인지적 전략, 사회적 · 정의적 전략이 있다. 인지적 전략은 학습 자료를 분석하고 종합하거나 변형하여 학습 내용을 정교화하거나 조직화하는 전략이다. 초인지적 전략은 학습을 계획하고 점검하고 조절하여 학습을 향상시키는 일과 관련된 전략이다. 사회적 · 정의적 전략은 학습자들이 다른 화자들과 상호작용하는 방법과 관련된 전략이다.

성공적인 언어 학습을 이끄는 전략에 대한 연구 결과로 성공적인 언어 학습자가 형태와 의미에 모두 주의를 기울이며 전략을 많이 사용할수록 언어 학습에 성공적임이 밝혀졌다.

행동주의 학습 이론 [行動主義學習理論, behaviorist learning theory]

언어 자극에 대하여 적절한 언어적인 반응을 하도록 올바른 습관이 형성될 수 있는 상황이 주어질 때 언어 학습이 이루어진다고 보는 학습 이론.

1950년대와 1960년대의 지배적인 이론이다. 행동주의 심리학자들은 심리학을 과학적인 인간 행동의 관찰이나 가능한 인간 행동 측정에서 인간의 행위를 규명하려고 노력하고 있다. 그러므로 인간의 행동을 어떤 자극에 대한 반응으로 보고, 그 과정에서 얻어진 결과를 파악하려고 하고 있다. 따라서 인간의 언어 학습도 어떤 자극에 대한 반응의 변화 과정을 통한 결과라고 보고 있다. 학습자가 어떤 자극을 받아서 어떻게 반응을 유도하느냐가 학습의 핵심이 된다.

행동주의 심리학자들은 어린이의 두뇌는 백지 상태와 같아서 후천적인 언어 경험에 의해 언어를 배운다고 한다. 즉, 어린이는 태어날 때 텅 빈 혹은 백지와 같은 두뇌를 가지고 세상에 태어나 그 어린이의 머릿속에 언어를 하나씩 채워 둠으로써 언어를 배운다고 주장한다. 또한, 어린이의 언어 학습이란 두뇌의 사고 과정이 아니고 기계적인 반복에 의해 이뤄지는 귀납적 과정이라고 보고 있다. 그러므로 언어는 습관에 의해 형성되고, 그 습관은 반복에 의해 언어 지식으로 정착된다고 주장하고 있다.

이 학습 이론에 따르면 학습자들은 언어 자극의 모델을 모방하는데, 올바르게 모방하면 긍정적인 강화를 받고, 그렇지 못할 경우 부정적인 강화를 받는다.

행동주의 학습 이론은 제2언어 습득 과정을 충분히 설명하지 못한다는 비판을 받고 있다. 이는 학습자들이 입력된 언어만을 단순히 재생하지 않으며, 학습자의 오류가 입력된 언어 유형과 전혀 다를 수도 있으며, 학습자의 오류가 체계적이라는 점 등과 관련된다.

화석화 [化石化, fossilization]

학습자의 중간 언어에 어떤 항목의 오류가 고쳐지지 않고 남아 있는 현상.

학습이 향상되지 않고 중지됨으로 인해 중간 언어의 일부가 목표어와 다른 형태로 고착화되는 현상으로 중간 언어의 가장 큰 특징이다.

중간 언어가 화석화되는 요인으로 Selinker는 언어 전이, 과도 일반화, 훈련상의 전이, 학습 전략, 의사소통 전략 등 다섯 가지를 들었다.

언어 전이(language transfer)는 학습자의 모국어 혹은 이미 습득한 언어가 제2언어나 이후에 학습할 언어를 습득하는 데에 영향을 주는 것이다. 대조 분석 연구에서는 모국어가 제2언어 학습에 부정적인 영향을 준다고 생각하여 '모국어의 간섭' 이라는 표현을 사용했다.

과도 일반화(overgeneralization)는 어느 규칙을 적용 범위 이상으로 넓게 일반화하여 사용하는 현상이다. 예를 들어, 영어 학습자가 불규칙활용 동사인 "go" 나 "teach" 에 규칙활용을 적용해서 "goed", "teached" 를 만드는 경우이다.

훈련상의 전이(tarnsfer of training)는 학교나 언어 교실 등에서 교사의 지도나 연습이 학습자의 습득에 마이너스 영향을 주는 것을 말한다.

학습의 전략(learning strategy)은 학습 방략이라고 하고, 학습을 높이기 위해 학습자의 구체적인 행동, 또는 태도를 말하는 것이다. 그러나 여기서 화석화의 원인으로서의 학습 전략이어서 부적절한 행동이었거나, 적용 방식이 잘못됐을 경우를 가리킨다.

의사소통 전략(communication strategy)은 학습자가 본인의 지식이나 능력이 부족하거나, 말이나 표현이 생각나지 않아서 의사소통에 지장을 초래하거나 한 경우에 취하는 행동이나 태도를 의미한다. 의사소통 전략도 학습 전략과 같이 오용을 산출하는 경우뿐만 아니라 학습을 진행하는 경우도 많다. 바꿔말하기는 학습자가 목표 언어로 단어를 모르는 경우에 아는 단어로 바꿔 내용을 전달하는 것으로, 예를 들어 "vacuum cleaner" (진공 청소기)를 모를 때 "it sucks in air" (공기를 흡인하는 것)로 바꿔 말할 수 있는 것이다. 오용이나 화석화와 관계되는 것은 "I play golf." (골프를 한다)를 몰라서 "I golf." 라고 동사를 회피해 버리는 경우 등이 있다.

훈련상의 전이 [tarnsfer of training]

학교나 언어 수업 등에서 교사의 지도나 연습이 학습자의 습득에 부정적인 영향을 주는 일.

참고문헌

강명윤(2003), 『언어와 세계』, 한신문화사.

강범모(2009), 「비교언어학[比較言語學, comparative linguistics]」, 『언어: 풀어 쓴 언어학 개론』, 한국문화사.

강범모(2010), 『언어』, 한국문화사.

강신성 외(1994), 『교양생물학』, 아카데미서적.

강옥미(2003), 『한국어 음운론』, 태학사.

강현화(2005), 「중·고급 학습자를 위한 감정 기초형용사의 유의관계 변별 기제 연구: 기쁨·슬픔을 나타내는 형용사의 통합관계를 중심으로」, 『한국어 의미학』.

고야나기 가오루(1991), 『일본어 교사를 위한 새로운 언어습득개론』, 한국문화사(김지선 역 2006).

김광해(1999), 『국어지식 교육론』, 국어교육연구소연구총서 6, 서울대출판부.

김두한(2000), 『국어문장 표현법』, 학문사.

김무림·김옥영(2009), 『국어음운론』, 새문사.

김민수(1989), 『국어문법론』, 일조각.

김방한(1992), 『언어학의 이해』, 민음사.

김선미(2003), 『언어와 언어학이론』, 한국문화사.

김성규·정승철(2010), 『소리와 발음』, 한국방송통신대학교출판부.

김재정(2010), 『재정국어』, 웅진패스원.

김정숙·김유정(2002), 「한국어 학습자 말뭉치 구축을 위한 기초 연구」, 『이중언어학』 21, 이중언어학회.

김정숙·김유정(2003), 「한국어 학습자 말뭉치의 활용과 과제」, 『한국어 교육과 학습자 말뭉치』, 제3회 한국어 교육 국제 워크숍, pp.99~103, 연세대학교 언어정보연구원.

김종복(1998), 「中學校 傳統音樂敎育의 問題點 및 改善 方案: 中學校 8種 音樂敎科書 分析과 問題紙를 中心으로」, 충남대학교 대학원 석사학위논문.
김진우(2001), 『제2언어 습득연구-현황과 전망』, 한국문화사.
김진호(2004), 『언어학의 이해』, 역락.
김화수(2005), 「정상아동의 형태론적, 구문론적 발달」, 한국언어치료학회 발표문.
노대규(2007), 『외국어로서의 한국어 교육』, 푸른사상.
동아(1992), 『한국문화 상징사전 1』, 한국문화상징사전 편찬위원회.
동아(1996), 『한국문화 상징사전 2』, 한국문화상징사전 편찬위원회.
문금현(1996), 「관형 표현의 생성과 소멸」, 『국어학』 제28집, 국어학회.
민자(2000), 「오류분석을 통한 효율적인 한국어 지도 방안 연구」, 서울대학교 대학원 석사학위논문.
박갑수(1997), 「중국 조선족 서간문의 오용 분석」, 『국어교육연구』 4집.
박경자(1998), 『심리언어학』, 한국문화사.
박덕재(2007), 「외국어로서 한국어 교육의 성별 언어의 문제와 교사의 인식에 관한 연구」, 『인문사회과학 논문집』 37, 인문사회과학연구소.
박영수(2004), 「영상자료를 활용한 도덕교과 인권 교육 방안 연구」, 한신대학교 교육대학원 석사학위논문.
박의재 · 이정원 공역(1999), 『제2언어습득론』, 한신문화사(Bass Suzan M. & L. Selinker, Second Language Acquisition, 1994).
박인철(2003), 『파리학파의 기호학』, 민음사.
박진호(2003), 『관용표현의 통사론과 의미론』, 한국어세계화재단.
배주채(2003), 『한국어의 발음』, 삼경문화사.
서민정(2009), 『토에 기초한 한국어 문법』, 제이앤씨.
서울대학교 국어교육연구소(2010), 『고등학교 문법』, 교육과학기술부.
석주연 · 안경화(2003), 「한국어 학습자의 표현 오류 분석의 몇 가지 문제-정의, 확인, 기술을 중심으로-」, 『한국어 교육』 13-3, 국제한국어교육학회, pp.189~214.
송완용(1996), 『언어학기초이론』, 신아사.
송지언(1992), 『시조의 관습성과 탈관습성을 통한 고전문학교육의 구상』, 서울대학교 국어교육과.
스티븐 하트(1996), 『동물의 언어』, 김영사.
안경화(2003), 「중간언어 어휘론 연구의 과제와 전망」, 『이중언어학』 23호, pp.167~184.
안경화(2003), 「중간언어 의미 체계에 대한 질적 · 양적 실험 연구」, 『언어간 대조를 통한 매개 언어와 중간언어의 연구』, 대조언어와 한국어 교육 연구단 1차 워크숍, pp.85~100, 대조언어와 한국어교육연구단.
안경화(2004), 「일본어권 학습자의 언어간 전이 오류 연구」, 『어문연구』 123호, 한국어문교육연구회.
안경화(2004), 「한국어교육을 위한 문화 교육 방안: 산물, 행위 및 관념문화에 대한 통합적 접근을 중심으로」, 『대비언어와 한국어교육 국제학술회의 자료집』.
안경화(2004), 『한국어 오류 분석-중국어권 학습자를 중심으로』, 국외한국어교사초청교육교재, 국립국어연구원.
안경화(2007), 『한국어교육의 연구』, 한국문화사.
안경화 · 양명희(2003), 「중간언어 의미 체계 정립을 위한 오류 분석의 실제」, 『어문연구』 118호, 한국어문교육연구회.
안경화 · 양명희(2005), 「일본어권 학습자를 대상으로 한 조사 '의'의 교수 방안」, 『한국어교육』, 국제한국어교육학회.
안주호(2006), 「한국어 학습자의 교재 선호 특성에 대한 연구」, 『새국어교육』 82, 한국국어교육학회.
양현권(2006), 「대조언어학」, 『한국어교육 1』, 서울대학교 사범대학 외국인을 위한 한국어 지도자과정.
예하미디어편집부(2006), 『중국어학개론』, 예하미디어.
우윤식(2004), 『인간언어의 이해』, 역락.
이근희(2008), 『번역의 이론과 실제』, 한국문화사.
이문규(2004), 『국어교육을 위한 현대국어음운론』, 한국문화사.
이석규 외(2002), 『우리말답게 번역하기』, 역락.
이석주 · 이주행(2007), 『한국어학개론』, 보고사.
이성영(1994), 「표현 의도의 표현 방식에 관한 화용론적 연구」, 서울대학교 대학원 박사학위논문.

이성준(1994), 『국어학개론』, 국립자료원.

이익섭(1994), 『사회 언어학』, 민음사.

이익섭(2006), 『방언학』, 민음사.

이정희(2002), 「한국어 학습자의 표현 오류 연구」, 경희대학교 대학원 박사학위논문.

이주행(2006), 『한국어 문법』, 월인, pp232~247.

이해영 외(2005), 『한국어 학습자의 중간언어 연구』, 커뮤니케이션북스.

임지룡 외(2008), 『학교문법과 문법교육』, 박이정.

임지룡(2005), 「해방 60년 우리말글 연구의 성과와 과제-의미론 연구를 중심으로」, 『우리말 글』 34, 우리말글학회, pp.1~28.

임지룡(2010), 「국어 어휘교육의 과제와 방향」, 『한국어의미학』 33, 한국어의미학회, pp.259~296.

임지룡(2010), 「기획논문 : 어휘의미론과 인지언어학」, 『한국어학』 49, 한국어학회, pp.1~35.

장영준(2002), 『언어의 비밀』, 한국문화사.

장홍권(1989), 『현대 언어학』, 연변인민출판사.

전은주(1998), 「말하기 · 듣기의 개념과 교육과정 구성 방안 연구」, 고려대학교 대학원 박사학위논문.

정병경(2008), 「초정 김상옥 시조 연구: 텍스트 언어학적 분석을 포함하여」, 경원대학교 대학원 석사학위논문.

조남호 외(2005), 『한국어 학습자용 말뭉치의 구축과 활용』, 태학사.

조남호(2002), 『현대국어사용빈도조사 보고서』, 국립국어원.

조명한 외(2003), 『언어심리학』, 학지사.

조철현 외(2002), 『한국어 학습자의 오류 유형 조사 연구』, 문화관광부 2002년도 국어정책 공모과제 연구보고서.

편집부(1992), 『언어학백과사전』, 대수관서점.

한상미(2005), 「한국어 모어 화자와 비모어 화자 간의 의사소통 문제 연구: 영어권 한국어 학습자의 화용적 실패를 중심으로」, 연세대학교 대학원 박사학위논문.

한재영 외(2003), 『한국어 발음 교육』, 한국어 교육 총서 1, 한림출판사.

한재영 외(2004), 『한국어 교수법』, 한국어 교육 총서 2, 태학사.

한재영 외(2008), 『한국어 문법 교육』, 한국어 교육 총서 4, 태학사.

한재영 외(2010), 『한국어 어휘 교육』, 태학사.

허성도 외(2008), 『중국어학개론』, 한국방송통신대학교출판부.

허용 외(2005), 『외국어로서의 한국어교육학 개론』(개정판), 박이정.

허용 · 김선정(2007), 『외국어로서의 한국어 발음 교육론』, 도서출판 박이정.

황선혜(2004), 「계층별 언어 변이」, 『새국어생활』 14-4, 국립국어원.

황세정(2007), 「텍스트 유형과 텍스트성에 따른 번역 방법 연구」, 세종대학교 대학원 박사학위논문.

Anderson, J. M.(1971), *The Grammar of Case. Towards a Localistic Theory*, Cambridge University Press, London.

Atherton, J. S.(2002), Learning and Teaching: Deep and Surface Learning [On-line], UK. Available from 〈http://www.dmu.ac.uk/~jamesa/learning/deepsurf.htm〉.

Bach, E.(1964), *An Introduction to Transformational Grammars*, Holt, New York-London.

Bach, E. and R. T. Harms(Eds.)(1968), *Universals in Linguistic Theory*, Holt, London.

Berger, A. A.(1997), *Narratives in Popular Culture, Media, and Everyday Life*, Sage Publications, Inc.

Bierwisch, M. and K. E. Heidolph(eds.)(1970), *Progress in Linguistics*, Mouton, The Hague.

Bloch, B. & G. L. Trager(1942), *Outline of linguistic analysis*, Cambridge University Press.

Bloomfield, L.(1933), *Language*, Allen and Unwin, London.

Bloomfield, L.(1962), *Language*(1st ed. 1933), 8th ed. Allen & Unwin, London.

Blumfit, C.(1997), "The Teacher as Educational Linguist", Encyclopedia of Language and Education 6, Springer.

Brumfit, C. J. & R. A. Carter(1991), *Literature and Language teaching*, Oxford University Press.

Carnap, R.(1956), *Meaning and Necessity*, 2nd ed., University of Chicago Press, Chicago, Illinois.

Catford, J. C.(1965), *A Linguistic Theory of Translation: An Essay in Applied Linguistics*, Oxford University Press.

Chafe, W. L.(1971), *Meaning and the Structure of Language*, University of Chicago Press, Chicago-London.

Chastain K.(1971), *The development of modern language skills: Theory to practice*, Philadelphia The Center for Curriculum Development, Inc.

Chomsky, N.(1965), *Aspects of the Theory of Syntax*, M.I.T. Press, Cambridge, Massachusetts.

Chomsky, N. and M. Halle(1968), *Sound Pattern of English*, Harper & Row, New York.

Chomsky, N. and M. Halle(1968), *The Sound Pattern of English*, Harper & Row, New York.

Clay, M. M.(1991), *Becoming Literate: The Construction of Inner Control*, Auckland, New Zealand: Heinemann.

Cook, V. J.(2003), *Effects of the second language on the first*, Multilingual Matters, p.5.

Corder, S. P.(1981), *Error Analysis and Interlanguage*, Oxford University Press.

Crain, S. & D. Lillo-Martin(1999), *An Introduction to Linguistic Theory and Language Acquistion*, Blackwell Publishing.(황규홍 역(2003), 『언어이론과 언어습득-보편문법적 접근』, 한국문화사.)

Crystal, D.(1968), *What is Linguistics?* E. Arnold, London.

Crystal, D.(1969), *Prosodic Systems and Intonation in English*, Cambridge University Press, London.

Crystal, D.(1971), *Linguistics*, Penguin Books, Harmondsworth, Middlesex.

Davies, A.(2004), *The handbook of applied linguistics*, Blackwell.

Davies, A.(2007), *An Introduction th Applied Linguistics*, Columbia University Press.

Dixon, R. M.(1963), *Linguistic Science and Logic*, Mouton, The Hague.

Dulay, Burt & Krashen(1982), *Language two*, New York: Oxford University Press.

Eckman, Fred R(1977), "Markedness and the contrastive analysis hypothesis," *Language Learning*, vol. 27-2, pp.314~330.

Ellis, Rod(1997, 2001), *Second Language Acquisition*, New York: Oxford University Press.

Erika Hoff(2005), *Language Development*, ITP.(이현진 · 박영신 · 김혜리 역(2007), 『언어발달』, 시그마프레스.)

Fishman, J. A.(ed.)(1968), *Readings in the Sociology of Language*, Mouton, The Hague.

Fodor, J. A. and J. J. Katz(eds.)(1964), *The Structure of Language. Readings in the Philosophy of Language*, Prentice-Hall, Englewood Cliffs, New Jersey-London.

Fries, C. C.(1952), *The Structure of English. An Introduction to the Construction of English Sentences*, Harcourt, New York.

Grade, M.(2002), "Auswirkungen des wachsenden naturwissenschaftlichtechnischen Wissens auf Beruf und Ausbildung technischer Fachubersetzer", *Lebende Sprachen*, Vol.47 No.2, p.9.

Greenberg, J. H.(1966), *Language Universals with Special Reference to Feature Hierarchies*, Mouton, The Hague.

Greenberg, J. H.(1968), *Anthropological Linguistics: An Introduction*, Random-House, New York-London.

Halliday, M. A. K. et al.(1964, 1970), *The Linguistic Sciences and Language Teaching*, Longman, London.

Harris, Z. S.(1970), *Papers in Structural and Transformational Linguistics*, Reidel, Dordrecht.

Henry Kucera & Nelson Francis(1967), *Computational Analysis of Present-Day American English*, Dartmouth Publishing Group.

Hjelmslev, L.(1970), *Language: An Introduction* (Translated from the Danish by F. J. Whitfield), University of Wisconsin Press, Madison.

Hockett, C. F.(1955), *A Manual of Phonology*, Indiana University Press, Bloomington.

Hockett, C. F.(1958), *A Course in Modern Linguistics*, Macmillan, New York.

Hockett, C. F.(1967), *Language, Mathematics and Linguistics*, Mouton, The Hague.

Hockett, C. F.(1968), *The State of the Art*, Mouton, The Hague.

Hughes, A. & C. Lascaratou(1982), "Competing criteria for error gravity", *ELT Journal* vol.36, No.3, p.175.

Jacobs, R. A. and P. S. Rosenbaum(1968), *English Transformational Grammar*, Blaisdell, Waltham, Massachusetts.

Jacquelyn Schachter, Celce-Murcia, Marianne(1977), "Some Reservation Concerning Error Analysis", *TESOL Quarterly* vol. 11-4: pp.441~451.

Jakobson, R. et al.(1963), *Preliminaries to Speech Analysis. The Distinctive Features and Their Correlates*, 2nd ed., M.I.T. Press, Cambridge, Massachusetts.

Jakobson, R., C. G. M. Fant & M. Halle(1952), *Preliminaries to Speech Analysis: the Distinctive Features and their Correlates*, MIT Press.

James, C.(1998), *Errors in Language Learning and Use*, Addison Welsey Longman Inc.

Jespersen, O.(1954), *Language. Its Nature, Development and Origin*(1st ed. 1922), 10th ed., Allen & Unwin, London.

Jespersen, O.(1959), *Essentials of English Grammar*(1st ed. 1933), Allen & Unwin, London.

Kaplan, R. & H. Widowson(1992), "Applied Linguistics: An Overview", *International Encyclopedia of Linguistics*, vol. 1, Oxford University Press, Oxford, p.76.

Katz, J. J.(1966), *The Philosophy of Language*, Harper & Row, New York-London.

Katz, J. J. and P. M. Postal(1964), *An Integrated Theory of Linguistics Descriptions*, M.I.T. Press, Cambridge, Massachusetts.

Ladefoged. P.(1967), *Three Areas of Experimental Phonetics*, Oxford University Press, London.

Langacker, R. W.(1968), *Language and its Structure. Some Fundamental Linguistics Concepts*, Harcourt, New York.

Leech, G. N.(1969), *Towards a Semantic Description of English*, Longman, London.

Leech, G. N.(forthcoming), *Semantics*, Penguin Books, Harmondsworth, Middlesex.

Lennon, Paul(1991), "Error: Some problems of definition, identification, and distinction,"

Applied Linguistics 12, pp.180~196.

Lewis, D. K.(1969), *Convention : A Philosophical Study*, Harvard University Press.

Long, M. and J. Richards(1987), *Methodology in Tesol*, Harper & Row.

Long, M. H.(1980), "Input, interaction and second language acquisition", Unpublished Ph. D. dissertation. Los Angeles: UCLA.

Lyons, J.(1968), *Introduction to Theoretical Linguistics*, Cambridge University Press, London.

Lyons, J.(Ed.)(1970), *New Horizons in Linguistics*, Penguin Books, Harmondsworth, Middlesex.

MacKay, D. M.(1969), *Information, Mechanism and Meaning*, M.I.T. Press, Cambridge, Massachusetts.

Makkai, V. B.(1970), *Phonological Theory. Evolution and Current Practice*, Harper & Row, New York.

Martinet, A.(1966), *Elements of General Linguistics* (Translated from the French by E. Palmer), Faber, London.

Mikkelson, H.(1995), The *Interpreter's Edge: Practical Exercises in Court Interpreting*, ACEBO.

Mikkelson, H.(2000), *Introduction to court interpreting*, Manchester, U.K.: St. Jerome Publishing.

Morris, C.(1964), *Signification and Significance. A Study of the Relations of Signs and Values*, M.I.T. Press, Cambridge, Massachusetts.

Moulton, W. G.(1970), *A Linguistic Guide to Language Learning*, 2nd ed., MLA, Washington D.C.

Murray Singer(1994), *Psychology of language,* Lawrence Erlbaum Associates.(정길정, 연준흠 역(1999), 『언어심리학』, 한국문화사.)

Nida, E. A.(1949), *Morphology. The Descriptive Analysis of Words*, 2nd ed., University of Michigan Press, Ann Arbor, Michigan.

Nida, E. A.(1966), *A Synopsis of English Syntax*, 2nd ed., Mouton, The Hague.

Nunan, David(1998), *Second Language Teaching & Learning*, Heinle & Heinle.

O' connor, J. D.(forthcoming), *Phonetics*, Penguin Books, Harmondsworth, Middlesex.

Palmer, F. R.(1965), *A Linguistic Study of the English verb*, Longman, London.

Palmer, F. R.(1971), *Grammar*, Penguin Books, Harmondsworth, Middlesex.

Pei, M.(1969), *Words in sheep's clothing*, Allen and Unwin.

Pike, K. L.(1944, 1962), *Phonetics. A Critical Analysis of Phonetic Theory and a Technic for the Practical Description of Sounds*, University of Michigan Press, Ann Arbor, Michigan-London.

Pike, K. L.(1947, 1963), *Phonemics. A Technique for Reducing Languages to Writing*, University of Michigan Press, Ann Arbor, Michigan.

Pike, K. L.(1948, 1967), *Tone Languages*, University of Michigan Press, Ann Arbor, Michigan.

Postal, P.(1968), *Aspects of Phonological Theory*, Harper & Row, New York.

Prator, C. H.(1965), *A study of the "new primary approach" in the Schools of Kenya*, ERIC.

Pride, J. B.(1970), *The Social Meaning of Language*, Oxford University Press, London.

Quirk, R.(1969), *The Use of English*, 2nd ed., Longman, London.

Richards, J.(1971), "A non-contrastive approach to error analysis," in Richards, J.(eds.), *Error Analysis: Perspectives on Second Language Acquisition*, London & New York: Longman.

Robert, A. de Beaugrande, Wolfgang U. Dressler(1981), *Introduction to Text Linguistics*, (김태옥 · 이현조 역(1991), 『담화 · 텍스트언어학 입문』, 양영각.)

Robins, R. H.(1971), *General Linguistics, An Introductory Survey*, 2nd ed., Longman, London.

Rosenberg, J. F. and C. Travis(eds.)(1971), *Readings in the Philosophy of Language*, Prentice-Hall, Englewood Cliffs, New Jersey.

Sapir, E.(1955), *Language, An Introduction to the Study of Speech*(1st ed. 1922), Harvest Books, New York-London.

Saussure, F. de(1966), *Course in General Linguistics*(1st ed. 1915, translated from the French by W. Baskin), McGraw-Hill, New York-London.

Schachter(1974), "An Error in Error Analysis," *Language Learning*, Vol. 24-2, pp.205~214.

Schachter, Celce-Murcia, Marianne(1977), "Some Reservation Concerning Error Analysis," *TESOL Quarterly*, vol. 11-4, pp.441~451.

Schane, S. A.(1976), *Truncation and Stress in Spanish*, Current Studies in Romance Linguistics.

Schmitt, N. & M. Celce-Murcia(2002), *An overview of applied linguistics*. In N. Schmitt(Ed.)(2002), An introduction to applied linguistics (pp.1~18). London: Arnold.

Schmitt, N.(ed.)(2002), *An Introduction to Applied Linguistics*, London: Edward Arnold Press.

Searle, J. R.(ed.)(1971), *The Philosophy of Language*, Oxford University Press, London.

Selinker, L.(1972) "Interlanguage," *Language Learning*, Vol. 10.3.

Shin, Seong-Chul(2002), "Australian students' lexical errors in Korean: Type, Frequency and cause," *Journal of Korean Language Education* 13-1, pp.305~338.

Singh, S.(2005), *Phonetics*, Plural Pub Inc.

Suzan M. Gass & J. Schachter(1989), *Linguistic Perspectives on Second Language Acquisition*, Cambridge University Press.

Suzan M. Gass & L. Selinker(1994), *Second Language Acquisition*, Routledge.(박의재 · 이정원 역(1999), 『제2언어 습득론』, 한신문화사.)

Sweet, H.(1964), *The Practical Study of Languages*(1st ed. 1899), Oxford University Press, London.

Taylor, Barry P.(1975), "The use of overgeneralization and transfer learning strategies by elementary and intermediate student of ESL", *Language Learning* vol. 25-1: pp.73~89.

Trubetzkoy, N. S.(1939), *Grundzüge der phonologie*, Prague: Cercle Linguistique de

Prague.

Trubetzkoy, N. S.(1969), *Principles of Phonology*(1st ed. 1939, translated from the German by C. A. M. Baltaxe), California University Press, Berkeley, California.

Ullmann, S.(1960), *The Principles of Semantics*(2nd rev. ed.), Blackwell, Oxford.

Ullmann, S.(1962), *Semantics. An Introduction to the Science of Meaning*, Blackwell, Oxford.

Whorf, B. L.(1956), *Language, Thought and Reality. Selected Writings of Benjamin Lee Whorf*, Ed. by J. B. Carroll, M.I.T. Press, Cambridge, Massachusetts-New York.

Wilkins, D. A.(1972), *Linguistics in Language Teaching*, Arnold, London.

Zgusta, L. et al.(eds.)(1971), *Manual of Lexicography*, Mouton, The Hague.

찾아보기

ㅅ

ㅇ

ㅈ

신구 한국어교육선서 02

언어학

| 용어 해설 |

초판 발행 2011년 12월 12일

지은이 한재영 · 안경화 · 박지영 · 권순희
펴낸이 김정일
펴낸곳 신구문화사
디자인 은디자인

등록 1968년 6월 10일 제1-205호
주소 경기도 성남시 중원구 금광2동 2661번지
전화 031-741-3055~6
팩스 031-741-3054
이메일 shingupub@naver.com
홈페이지 www.shingubook.com

ISBN 978-89-7668-181-2 93700

*지은이와 협의에 따라 인지는 생략합니다.
*값은 뒤표지에 있습니다.